大学生职业生涯发展与就业教育

杨哲　唐雷　梁馨月◎主编

中国建材工业出版社
北　京

图书在版编目（CIP）数据

大学生职业生涯发展与就业教育/杨哲，唐雷，梁馨月主编. --北京：中国建材工业出版社，2024.4
ISBN 978-7-5160-3863-5

Ⅰ.①大… Ⅱ.①杨… ②唐… ③梁… Ⅲ.①大学生－职业选择－高等学校－教材 Ⅳ.①G647.38

中国国家版本馆 CIP 数据核字(2023)第 207954 号

内 容 简 介

本书立足高校实际，依据职业生涯教育的内涵与目的，借鉴国内外就业教育的先进理论和经验，结合职业生涯规划教育教学的经验，将理论教学和实践教学紧密结合，对大学生自我认知、社会职业认知、职业能力提升、求职准备、职业适应与职业发展进行了系统分析和全面讲解，融理论、知识、趣味和思维创新于一体，体现了生涯规划课程的实践性和以学生为主体的指导思想。

大学生职业生涯发展与就业教育
DAXUESHENG ZHIYE SHENGYA FAZHAN YU JIUYE JIAOYU
杨 哲 唐 雷 梁馨月 主编

出版发行：中国建材工业出版社
地　　址：北京市西城区白纸坊东街2号院6号楼
邮政编码：100054
经　　销：全国各地新华书店
印　　刷：北京四海锦诚印刷技术有限公司
开　　本：787mm×1092mm 1/16
印　　张：9.25
字　　数：190 千字
版　　次：2024 年 4 月第 1 版
印　　次：2024 年 4 月第 1 次
定　　价：88.00 元

本社网址：www.jccbs.com，微信公众号：zgjcgycbs

前言

大学生是国家宝贵的人才资源，是充满活力、勇于创新的群体，是建设国家、实现中华民族伟大复兴的主力军。大学毕业生的就业问题始终是重要的民生问题之一，是关系到经济发展、政治稳定、社会和谐和人民群众根本利益的重大全局性问题。

近年来，大学生就业成为全社会关注的热点。高校就业指导工作要支持大学生在校期间制定职业规划、生活成长规划和社会实践规划，树立正确的职业和就业观念，使大学生在充分认识自己的前提下，自我探索，自我规划，有针对性地提升自己的就业与创业能力，同时结合专业学习，选择自己今后的发展方向，从观念、心态、知识、技能等方面做好应对职业挑战的准备。帮助大学生顺利就业，较快地完成职业过渡和走上职业发展的良性轨道是目前高校就业指导工作的重点。

伴随大学毕业生人数逐年大幅上升的总体趋势，在市场人才需求结构不断调整、用人单位选拔人才的标准不断提高的大背景下，大学生就业形势确实不容乐观。要有效破解大学生的就业困局，作为人才输送的高校，必须从整体上抓住三个关键：一是要加强市场跟踪与分析，根据劳动力市场供求关系，合理调整、优化专业设置与培养模式，增强人才的“吻合度”；二是要加强教育教学改革，致力于教学质量的提升与学生综合素质的培养，增强人才的“适应性”；三是要加强大学生就业指导和创业引导，帮助学生树立正确的择业观念，制定合理的职业生涯规划，增强人才的“方向感”。

本书立足高校实际，根据职业生涯教育的目标，借鉴国内外就业教育的先进理论和经验，结合职业生涯规划教育教学的经验，将理论教学和实践教学紧密结合，对大学生自我认知、社会职业认知、职业能力提升、求职准备、职业适应与职业发展进行了系统分析和全面讲解，融理论、知识、趣味和思维创新于一体，体现了生涯规划课程的实践性和以学生为主体的指导思想。

本书在内容编排上，按照职业生涯规划的基本步骤，逐渐展开，注重系统性、全面性和实用性。本书可作为高等院校职业生涯发展规划课程的教材，对从事大学生职业生涯发展规划、咨询的教师和有关人员也具有一定的参考价值。

本书的编写得到了许多专家学者的帮助和指导，在此表示诚挚的谢意。由于水平有限，加之时间仓促，书中涉及的内容难免有疏漏与不严谨之处，希望各位同行、专家、老师多提宝贵意见，以待进一步修改，使之更加完善。

编 者

2023 年 9 月

目　录

第一章　职业生涯规划 …………………………………… 1

第一节　职业生涯概述 …………………………………… 1

第二节　职业生涯规划概述 ……………………………… 5

第二章　自我认知 ………………………………………… 15

第一节　兴趣探索 ………………………………………… 15

第二节　性格探索 ………………………………………… 22

第三节　能力与技能探索 ………………………………… 25

第四节　职业价值观探索 ………………………………… 30

第三章　社会职业认知 …………………………………… 34

第一节　社会职业认知概述 ……………………………… 34

第二节　社会职业与就业 ………………………………… 39

第三节　社会职业的进入 ………………………………… 49

第四章　职业能力提升 …………………………………… 56

第一节　职业能力 ………………………………………… 56

第二节　团队合作 ………………………………………… 63

第三节　有效沟通 ………………………………………… 68

第四节　时间管理 ………………………………………… 73

第五章　求职准备 …… 79

第一节　礼仪和基本要求 …… 79

第二节　面试的准备 …… 90

第三节　求职材料的准备 …… 103

第六章　职业适应与职业发展 …… 111

第一节　就业初期的职业适应 …… 111

第二节　角色转换与角色认知 …… 126

第三节　适应新环境、建立良好的人际关系 …… 131

参考文献 …… 141

第一章　职业生涯规划

单元导读

机会总是属于有准备的人。职业生涯规划的理论和实践与我们职业的成功乃至人生的成功密切相关，而大学生的职业规划更是个人走向职场的基础性准备工作。从跨进校门的那一刻开始，大学生们就需要在规划中前行，并通过实践来完善规划。

学习目标

1. 了解职业生涯及职业生涯规划的概念。
2. 认识职业生涯规划对人生成功的重要性。
3. 理解职业生涯规划在大学生成长阶段的重要意义。

第一节　职业生涯概述

一、职业与职业生涯

（一）职业的含义

对大多数大学生来说，职业是一个“万花筒”，他们对职业有一点了解，但却是片面的。有的人认为，职业就是“某一种工作”，如医生、教师、律师等；有的人认为，职业是一种生活来源；有的人则认为职业是一种“专业类别”或是一种“等级身份”。对职业的各种认识主要归因于我国的社会以及家庭教育，加上当代大学生从小学到大学疲于应试，使得他们对于职业知识了解得并不全面。

对职业的认识一般可以从两个角度出发。从社会学的角度来看，职业是一种社会现象，是指人们为了谋生和发展而从事相对稳定的、有收入的、专门类型的社会劳动。一方面，随着人类社会的不断进步和发展，特别是社会分工的越来越细，职业也是在不断发展的，不少新兴职业的从业人数逐年增长；另一方面，一些职业则伴随时代的变迁逐步退出人类社会。从个人角度而言，职业是个人扮演的完成一系列工作的角色。对大学生而言，第一次就业意味着要从学生角色转换到职业角色。同时，对于初次就业的大学生而言，就业也是解决个人生存问题的一种手段，是大学生独立的表现。

因此，可以认为，职业是指有劳动能力的人未来的谋生和发展，通过发挥自己的能力和专长而从事的相对稳定、有经济收入、特定类别的社会劳动。它包括三层含义：首先，从事职业的目的是谋生和发展，所以在择业时不仅要考虑到薪金的多少，还要考虑到将来的发展；其次，选择职业时要用到自己的专业特长，所以大学生为了找到更好的职业必须要有一定的专业知识和技术能力，只有这样才能够在竞争日益激烈的人才市场上拥有竞争力；最后，职业是相对稳定的而不是绝对稳定的，且有特定的类别，这就要求大学生择业时一定要选准与自己能力、兴趣和价值观相匹配的职业类型，最好在第一次就业时就选准，如若不行，可以考虑在工作前期通过转岗和换行等行为进行自我调整，直至找准自己的职业定位。

（二）职业生涯

人的一生，从出生开始就扮演着孩童、学生、劳动者、他人父母等各阶段的多种社会角色，这些角色的组合成就了每个人不同的生活方式，这样的发展历程构成了“生涯”。职业生涯主要是指一个人一生在职业岗位上所度过的、与工作活动相关的连续经历。职业生涯是一个动态的发展过程，它反映了职业选择、职位变动、个人职业理想得以实现的整个过程。在这个过程中，个人发挥了自己的人生价值，并不断地追求自我，实现人生目标，因此它是人一生中最重要的历程。

学者在探究职业生涯分类的过程中，将其分成内职业生涯和外职业生涯两部分，这样分类有助于实现职业生涯的发展目标。内职业生涯是指从事一种职业时的知识、经验、能力、心理素质、内心感受等因素的组合及其变化过程，它是别人无法窃取的人生财富。外职业生涯是指从事职业时的工作时间、地点、单位、内容、职务与职称、环境与待遇等因素的组合及变化过程，它是依赖于内职业生涯的发展而增长的。因此，努力提高自身内职业生涯的影响要素，并将其广泛作用于外职业生涯的发展过程中，可使个人的职业生涯沿着既定的方向顺利前行。

二、职业生涯与人生发展

（一）职业生涯发展

一个良好的职业生涯发展规划，可使个人依据其自身能力去寻找潜在的发展机会。就个人而言，当其在职业生涯道路上有所进步时，个人能感到满足并发挥所长；从组织方面而言，它能够降低因人员流动而引起的成本，也可提升员工的综合素质。

由于职业生涯发展是以人为中心的，只有人在寻求它的时候，它才存在，因此，职业生涯发展的主要理念如下：①职业生涯发展结合了个人一系列的工作经验，是持续不断地调适的过程；②人在不同的生活阶段，有不同的发展需要和任务，随着价值观、态度和动机的改变而选择职业生涯；③根据自我评价和对自我能力的认识，来设定自我职业生涯的目标；④职业生涯发展将延续人的一生，包括退休阶段；⑤能正确地进行自我评价，能对职业生涯做适当的抉择与调适，更容易获得成功；⑥各种工作角色都有相互依存的关系，也都受外在环境的影响，从工作中可以满足个人的需求；⑦个人的工作职位高低并不重要，应由其对社会的贡献与价值来肯定自我、实现自我。

一般来说，个人职业生涯发展理念受各种不同理论的影响，如自我观念理论、生命阶段理论、差异特质理论、动机理论及需求理论等，因而强调人的一生中的“本我”“自我”“超我”。个人除了满足基本的需求之外，都希望根据自己的本能特性，选择一个适合自己的职业生涯发展途径，并追求较高层次的目标。这些观点又与马斯洛的需求层次理论相吻合。马斯洛将人类需求像阶梯一样从低到高按层次分为五种，分别为生理需求、安全需求、爱和归属感需求、尊重需求和自我实现需求。低层次的需求包括生理需求、安全需求以及一部分的爱和归属感需求；高层次的需求包括爱和归属感需求的一部分、尊重需求及自我实现需求。其中，低层次的需求，个体差异较小；高层次的需求，个体差异较大。当低层次的需求达到某种程度的满足后，个体便会逐步寻求高层次的需求，以继续自我发展，并使自己的潜力得到最大限度的发挥，达到自己所期望的目标，如自我实现需求。虽然需求理论有偏颇之处，但仍对人的各种需求进行了系统的分类，为个体的自我分析提供了可供参照的依据。

在工作阶段，个人的职业价值观、兴趣、性格、能力素质与所担任的职位进行匹配性选择，工作只是个人谋生、满足其生理需求和安全需求的一种手段。随着个人知识的丰富、能力的提高、个人与职位的匹配性的提高和个人对职业适应性的提高，个人的职业生涯也就进入了职业阶段。在此阶段，工作成为发挥个人才干，满足其爱和归属感需求、尊重需求的一种手段。而当个人的职业生涯进入事业阶段后，个人不再把工作当作一种生存手段，而是实现其人生价值的手段。在此阶段，虽然工作负担重、责任大，但总能做到以工作为乐，在工作中总有用不完的激情，个人通过工作发挥潜能，实现更有意义的人生追求。可以说，在现代社会，职业是人生全面发展的重要载体，而人生全面发展又是职业生涯的最终目的。

（二）人生发展

社会由千千万万的个体组成。在一定的物理环境和社会环境下，每一个个体都有属于自己并且贯穿生命始终的独特经历，这就是我们常说的人生。人生的发展，也就是每一个个体独特的发展。所以，从哲学上来看，人生发展是一种站在个体角度的叙述，而与之相对的是一种站在全体角度的叙述，即人的发展，也就是人类的发展。如果没有这种基本的意识，就很可能在某一群体内部，以该群体为参照，将群体整体性的发展特色归结为人生发展，从而也就无法正确把握人生，更不能有效地促进人生的发展。例如，在一个生活水平不断提高、人改造世界的能动性不断提高的社会里，我们可以说人得到了发展；但我们若以此来评价人生的发展，得出的结论必然是这个社会里所有的人都处在比较完满的状态之中，任何人都没有必要通过改变思想和行为来提升自我的状态，这显然是不对的。

从个体视角我们可以将人生发展分为以下三个层面来把握：

第一个层面是从人生命的自然延续把握。人生既然是一种过程，那么就必须有一定的时间和空间，从呱呱坠地开始，生命的延续就为人生提供了得以存在的时间，提供了人生存在的前提，而且生命的延续本身也代表了一种不断的革新。

第二个层面是从人长期性知觉的积极变化把握。人的一生里，感官不停地将外在的条件和信息传入人的内部，变成感官刺激、身体素质、心理情感、智力认知等各式各样的知觉。人生的历程，实际上就是这些知觉变化的集合。而知觉分为瞬间的、短期的、长期的。瞬间性知觉变化发生最为频繁，只要任何外部条件或者信息产生变化，都会使瞬间性知觉有反应，并且旧有的瞬间性知觉也很快会因新的瞬间性知觉的发生而消失；短期性知觉变化则需要等到外部条件或信息的改变达到一定程度才会产生，产生之后也会等新的短期性知觉发生才能被替代；而长期性知觉具有很强的稳定性，能在较长的时间里保持不变，其变化也必须在多种因素都达到相当深度的积累下才能发生。例如，当手碰到冰块时会有冰冷的感觉，这就是瞬间性知觉的变化；当经过激烈的比赛后取得冠军所产生的喜悦感和兴奋感，这就是短期性知觉的变化；当经过长时间的学习和研究后能够熟练地掌握某个学科的知识，这就是长期性知觉的变化。长期性知觉的变化，会对人产生系统性和根本性的影响。当这种变化属于积极变化的时候，说明将来很可能会产生比之前更优质的人生轨迹，此时我们就可以说人生得到了发展。

第三个层面是从人的价值的实现把握。“价值”是一个表明主客体关系的概念，即表示客体对主体需要的满足以及满足的程度。“人的价值”则是从物品的价值中引申而来的，指作为客体的人对于作为主体的人的意义。作为主体的人分为两种：第一种是与作为客体的人相同的人，即自我；第二种是作为客体的人以外的人，即他人和社会。由此，人的价值也就分为个人价值和社会价值。当人的思想、行为乃至单纯的存在能给自己产生积极的影响，给自己带来有形或无形的利益，就表明了个人价值在实现；而如果人的思想、行为乃至单纯的存在能给他人或社会带来积极的影响，给他人或社会带来利益时，则表明社会价值在实现。价值的实现就意味着人的潜能的释放，集中体现了人的社会性，并且最能突出体现不同个体的差异，这是从最高层次认识的人生发展。研究和讨论人生发展也只有触及这一层面时才具有终极意义。

价值实现，就是带来利益的意义大于带来损害的意义。例如，盗窃诈骗等行为，虽然给自己带来了利益，但也给自己的品德和社会秩序带来极大的危害，这种情况下危害的意义已经彻底否定了利益的意义，所以不能称为实现了个人的价值。因此，与前两个层面不同，第三个层面不仅是客观的描述，更是主观的评价，需要运用一定的认识并结合具体的环境才能得出是否属于人生发展的范畴。

第二节 职业生涯规划概述

一、职业生涯规划的概念及意义

（一）职业生涯规划的概念

职业生涯规划，又称为职业生涯设计，普遍认为是著名管理学家诺斯威尔（William J. Rothwell）首先提出这个概念的。职业生涯设计就是个人结合自身情况及眼前制约因素，为自己实现职业目标而确定行动方向、行动时间和行动方案。尽管之后其他学者对职业生涯规划的概念有不同的理解，但各种理解上的差异并不能掩盖职业生涯规划在人们观念中的共识。应该说，诺斯威尔的定义从一开始就为职业生涯规划定了基调，具有典型意义。对职业生涯规划概念的认识，应着重把握以下三点：

1. 职业生涯规划分为认知、设计、行动三大部分

职业生涯规划是一种复合化的行为过程。认知包括对人生理想、职业价值观、兴趣爱好、个性特征、能力状况等主体方面的认知，也包括对家庭条件、社会环境、职业分类、工作性质的认知，还包括对职业生涯规划理论和方法的认知。设计是指个体根据认知，为自己有针对性地树立职业目标、制定实施方案、确定阶段任务。行动则是将设计的内容付诸实施。三者环环相扣，浑然一体。

2. 职业生涯规划以职业实现和职业维持为中心

职业生涯规划同时包含对性情培养、家庭角色扮演、生活方式和状态等非职业因素的规划。对于大多数人而言，职业是物质生活来源的基础，也是心理塑造的重要因素，正因如此，职业生涯规划才会成为一个独立的研究主题，甚至在某种意义上，职业生涯规划可以等同于生涯规划。所以，职业生涯规划的核心是找到适合自己的理想职业，并得以维持。但是职业的实现和职业的维持不是孤立的，它们需要生涯的其他方面作支撑。比如，家庭的建立往往有助于职业因素更大地发挥作用，家庭的建立形态等也会影响着职业的选择，同时家庭的建立也影响着职业结束后个体的归属。所以，职业生涯规划是关于个人生涯较全面的规划过程。

3. 职业生涯规划深受客观条件的影响，具有框架性

首先，职业生涯规划属于一种社会科学，本身无法做到像自然科学那样严谨精确。其次，职业生涯规划的调整是使主体与客观因素更加适应，但客观上的因素是无法完全预料的。职业生涯规划所能做到的是根据既有的因素去安排路线和行动，在客观因素变化时，也能运用合理的方法去应对。但是，如果没有这些准备，我们将漫无方向，在面对新情况时，也很难找到合理的方法解决。所以，职业生涯规划为个体的发展提供的指导并非如建筑图纸那样的细致无缺，它提供的是让我们合理有序发展的框架。

（二）职业生涯规划对大学生的意义

在性格、能力、心理、价值观念、身体素质、物质条件、生活状态等各方面都没有完全相同的人，这是人生发展中“质”与“量”的差异所造成的。人生发展的“质”与“量”可以说是人与人之间的区别标签。因此，在发展的起步期，只有找准自己当前的“质”与“量”，才能知道自己所处的位置、所具备的条件；只有找准了自己未来的“质”与“量”，才能知道自己所努力的方向和所要达到的境界。这需要一种衡量工具。在发展的过程中，只有运用恰当的方法，科学系统地构造发展的轨迹，才能找到理想的“质”与“量”。这就需要一种勾画手段。我们都知道，标尺的作用是衡量与勾画，而职业生涯规划正是人生发展的标尺，这点对于站在生涯发展十字路口的大学生而言，更是如此。

1. 职业生涯规划的衡量作用

（1）指导大学生确定恰当的人生目标

目标是人生之路的灯塔，它指引着奋斗的方向，也给予奋斗的动力。但是，确定一个恰当的人生目标绝非易事。目标确定得过于宏大，就会找不到实现目标的入手之处，对个人成长起不到促进作用；目标确定得过于狭隘，会使得个人的成长受到过多的拘束，最终限制了

发展的空间。而职业生涯规划所包含的各种理论、方法、工具，可以帮助大家准确地认识自我，在正确的自我定位的基础上，结合外部条件和社会需要确定切实可行的目标。

（2）帮助大学生认识既有的发展状态

认识既有的发展状态，包括对个性的认识、对现有能力和不足的认识、对发展阶段的认识等。如果对既有的发展状态有较好的把握，就可以确定之前所做努力的效果，明确下一步应做的工作。这样，我们就能知道今后是应该继续沿用之前的发展思路，还是作适当的调整。这既可以作为一种对之前确定的人生目标的检验，又能促进我们逐渐朝人生目标迈进。

2. 职业生涯规划的勾画作用

（1）帮助大学生树立正确的择业观念

时下就业市场上之所以会出现“公务员热”“金融热”“房地产热”等现象，很重要的原因就是很多大学生没有正确的择业观念，而一味地追随大流，或者仅仅认识到社会环境对职业发展的影响，而没有考虑到自我的身心特点和未来发展的目标。延伸到相关的“考研热”“出国热”等，这也是大学生群体缺乏正确就业观念的表现。没有正确的择业观念，带来的结果往往是就业中的四处碰壁，或从事了一个不适合自己的职业，导致个性被压抑，能力被限制，生活上郁郁寡欢，事业上步履维艰。三百六十行，行行出状元。其实对于有抱负的人而言，大多数职业都有广阔的施展空间，都能给人生带来成功的荣耀。正确的择业观念应当是自我认识、环境认识、价值目标认识的系统结合。而职业生涯规划可以帮助个体在此基础上树立具体的、有针对性的择业观念，从而对机遇的把握更为全面和深刻。

（2）引导大学生重视并有针对性地培养素质和能力

对于大学生而言，当前社会发展充满着机遇，同时又面临着严峻的挑战。可以预见，未来对人才要求的趋势是越来越多样化、专业化，而且越来越注重品行合一。我们常常听说这样的情况：有的学生在工作中由于不能熟练地使用各种现代化的工具，使得其能力大打折扣；有的学生在大学期间虽然看了很多书，但在工作时无论是口头还是书面表达能力都不强，直接影响到社会对自己思想观点的认可；还有一些学生在工作时感觉专业知识学得不深，常有重回校园学习的冲动等。这些都是大学生没有针对性培养自己的素质和能力的结果。那么，在挑战和趋势面前，大学生应该怎样培养素质和能力呢？人一生中学习和实践的时间是有限的，我们很难使自己的素质和能力面面俱到，使自己成为无所不能的“全才”。而且当代社会分工的精细，使得任何人都不能在所有领域里都能大展身手。因此，我们应该以发展目标为核心，有针对性地培养自己在某些方面的素质和能力。学习了职业生涯规划，相信大多数人都能理解这一点，并会付诸行动。

二、大学生职业生涯规划的误区

大学生们经历了高考和填报志愿，在填报志愿的时候，其实就已经作出了职业生涯中一个重要的决策，因为所填报的志愿在很大程度上将决定大学四年的专业学习。但是如果问到一些同学是如何作出这个决策的，恐怕结果会让人大吃一惊。很多学生是因为和同学一番简单的交流，或者老师一句不经心的话，又或者家中亲友给予的建议甚至某个道听途说的消息就决定了 4 年、1461 天、35064 个小时、1/20 的人生乃至更长时间的生活。

面对如此重大的决定，很多同学所花费的时间却并不比选购一件衣服花费的时间多多少。可见，职业生涯规划中存在许多的误区，这些误区还普遍存在于人群之中。

（一）职业生涯规划可有可无

职业生涯规划观念淡薄是当代大学生的普遍特点。在召开的大学生座谈会上，80%的大学生表示自己从来没有对自己的职业生涯做过正规的规划，只知道大学生就业形势特别严峻，从进校开始就十分紧张，在感到紧张的同时，并没有认真规划自己的职业前景。不少大学生认为职业生涯规划可有可无，反正能否就业不由自己说了算，听天由命。还有的大学生认为，自己尚处于学习阶段，未来有太多的不确定因素，所以现在规划自己的职业生涯为时过早。这些想法造成的后果是学习无目的性，荒废了宝贵的学习时光，错过了职业规划下有目的、有针对性、有计划的人生素养和能力提升的大好时机。

（二）职业生涯规划是毕业生的主要任务

不少大学生在谈及职业生涯规划时，都毫不怀疑地认为，这是毕业生的主要任务，而处于其他年级的学生不必为职业生涯规划而“浪费”时间，认为计划不如变化快，职业生涯规划等到即将毕业时再做也不迟，其实这是一种误区。如果不从走进大学的第一天开始，就接受有关职业生涯规划的理念，并在老师的指导下，逐渐形成自己的职业发展规划，到毕业真正面对就业问题时，就会陷入盲目状态。当意识到自己在专业水平和个人能力方面存在不足时，就会感到无能为力，出现不知所措的尴尬，追悔莫及。

事实上，不容乐观的就业形势已经让一些大学生意识到，职业生涯规划从大一起就应该作为重点工作来做。一方面，通过职业生涯规划，可选择适合自己发展的职业，确定符合自己兴趣与特长的生涯路线；另一方面，还可拓展到职业修养、价值观等“内在”的素质培养。但由于缺乏专门的指导和督促，不少大学生并没有在进校时就开始进行科学的职业生涯规划。

（三）职业生涯规划中的自我定位不准

许多大学生没有做好自己的职业生涯规划，首要原因是对自己认识不清，不知道自己想干什么、适合干什么。在制定自己的职业生涯规划时，最好是面对现实，做一个全面的自我分析，做好“四定”：定向，确定自己的职业方向；定点，确定自己职业发展的地点；定位，确定自己在社会上的位置；定心，做到心平气和。这实际上就是解决职业生涯设计中“干什么”“何处干”“怎么干”“以什么样的心态去干”这四个最基本的问题。这样，既可以防止“低价出售”自己，也可以防止期望值过高而一无所获。

（四）职业生涯规划急功近利，把就业、职业与事业混为一谈

不少大学生忽视职业生涯规划过程的动态性和阶段性，不考虑自己的实际情况，盲目从众，急于求成，甚至企图走“捷径”实现目标。有些大学生把就业、职业和事业混为一谈，认为就业就等于职业，甚至把就业与一生的事业发展画上等号。因此，在就业问题上显得优柔寡断。把就业当成一生中带有定格性的事情来对待，既不利于毕业时就业问题的解决，又不利于长远职业生涯的规划，更谈不上事业发展了。职业生涯设计师徐小平认为人生职业分为三个层次：第一层次是就业，维持生存；第二层次是职业，从事比较稳定的工作，满足基本的物质需求；第三层次是事业，这个层次不仅有丰富的物质生活，更有精神上的满足感。

这三个层次是逐步推进、逐步实现的，并不能一步到位。

三、大学生职业生涯规划的步骤

（一）确定志向

人从事某项职业，最终是希望依靠自己的努力，创造精彩丰富的人生。志向是事业成功的基本前提，没有志向，事业的成功也就无从谈起。“志不立，天下无可成之事。”立志是人生的起跑点，反映着一个人的理想、胸怀、情趣和价值观，影响着一个人的奋斗目标及成就的大小。在制定生涯规划时，首先要确立职业志向，这是启动职业生涯规划的关键，也是职业生涯中最重要的一点。

（二）自我评估

认识自我，是个人成熟度的反映。只有认识了自己，才能对自己的职业方向作出正确选择，才能给自己设定恰当的职业目标，才能选定适合自己发展的职业生涯路径。自我评

估的内容主要包括个人的兴趣、特长、性格、智力、知识、技能、职业价值观等。

1. 职业能力评估

根据自己的职业能力特点，挑选出适合自己的职业，一一列出制成表格。

2. 职业价值观评估

通过对职业价值观的理解，想象对于未来的职业，自己最看重的是哪些方面，而与这些价值观相对应，未来想从事的职业是什么。

3. 性格类型的评估

通过使用一些测试工具，对照分析自己的性格类型，找出自己最适合的职业。

4. 描述自己的职业兴趣

根据理论资料以及自己以往的学习和生活经历，确认自己大致的职业兴趣类型。

（三）职业生涯的机会评估

1. 对职业外部环境的了解

对外部环境的了解，是我们适应并利用环境的前提。在制定个人的职业生涯规划时，要分析环境条件的特点、环境的发展变化情况、自己与环境的关系、自己在这个环境中的地位、环境对自己提出的要求以及环境对自己有利的条件与不利的条件等。只有对这些环境因素充分了解，才能做到在复杂的环境中趋利避害，使职业生涯规划具有个人实际意义。

外部环境包括宏观环境和微观环境。宏观环境包括政治环境、社会环境、经济环境等；微观环境包括行业环境、企业环境等。

大学生可利用网络、报纸、杂志、电视媒体、生涯人物访谈等信息，对当前及未来社会环境、职业本身环境等进行分析，把握自己参加工作时的职业生涯机会。

2. 影响职业选择的其他因素分析

虽说“三百六十行，行行出状元”，但是选择适合自己的职业，对个人的影响很大。有些人因为被动地选择了职业方向，无法喜欢便一直应付工作，不能激发出对工作的热情，导致职业与人生灰暗。所以，职业方向的选择一定是在以上自我评估和职业生涯机会评估的基础上，考虑了职业方向与个人性格、兴趣、特长、外部职业机会的匹配等因素后作出的。

由于职业生涯规划是一个寻找内在和外在协调的过程，因此，一般而言，当人的内在特点与职业特性越一致，职业成功的可能性也就越大。个人的内在世界包括人格特征、兴趣爱好、能力特长、需求价值观等；外在的职业世界包括职业所需特质、职业分类的内容、职业所需能力、各类职业报酬等。

（四）职业生涯目标和路线规划

1. 职业生涯目标规划

没有目标，就没有动力。一个人职业的成败，很大程度上取决于有无正确适当的职业目标。没有目标的人如同驶入大海的孤舟，一片汪洋，没有方向，不知道自己漂向何方。只有树立了目标，才能明确奋斗方向，犹如海洋中的灯塔，引导你避开险礁暗石，走向成功。

（1）职业生涯目标

确定职业生涯目标就是明确自己想成为什么样的人，担任怎样的职业角色。具体地讲是想在职业生涯中达到怎样的职位，拥有怎样的职称，成为专家还是事务性工作者。

（2）职业生涯目标的层次

职业生涯目标大致可以分为四个层次。第一个层次是愿景目标，是一个人内心永远的向往，例如我要成为一个什么样的人。第二个层次是表现目标，是一个人的职业方向，例如我终要达到的职位、职称等。第三个层次是长期目标，是一个人总体目标，即 5~10 年的目标。第四个层次是行动目标，即短期可实行的组合目标。

目标的确定要以终为始，先确立愿景目标，再确立表现目标，后确立长期、行动目标。而目标的达成则是由近及远的，先达成近期的，后达成远期的。

（3）职业生涯目标分解

目标必须经过分解才能更加清晰和便于实现。各种职业目标间关系往往纷繁复杂，甚至是相互矛盾的。因此，厘清各职业目标之间的关系，对其分解组合十分必要。

目标组合是指找出目标间内在的逻辑关系，然后将各个目标按内在逻辑关系组合起来的过程。这有助于我们厘清不同目标的关系，有步骤有计划地加以实现。职业生涯规划中要思考先完成什么目标，后完成什么目标，以什么目标为主，以什么目标为辅。

（4）目标确立的 SMART 原则

SMART 原则是英文单词 specific（明确的）、measurable（可量化的）、achievable（可以达到的）、rewarding（有一定价值的）、time-bound（有时间限制的）的首字母缩写。

S 代表具体明确的，是指你只陈述某一特定的目标，并且在一段时间内只集中于这一个目标。同时，这个指导原则也要求你非常慎重，并且尽可能地具体明确。例如，你可以说你的目标是装修房间，但是“装修”到底是什么呢？是刷漆、修缮、重新布局、买新家具、换墙纸、打扫卫生？是所有的一切，还是其中的某项或是别的什么事情呢？在一段时间内不能集中于一个目标的危险在于：你同时有了别的目标，结果在接近最后期限的时候，发现自己一个也没完成。

M 代表可量化的，是指你的目标尽量用数字衡量的方式来表达，而避免用宽泛的、模糊的方式来表达。例如，只是说“我会更加努力地打好网球比赛”或是“我的目标是更好地利用时间”是远远不够的。你怎样衡量“更加努力”和“更好利用时间”呢？你需要用一种可以衡量的方式来表达自己的目标，如“我的目标是在下个星期二晚上 11 点之前完成 11 页实验报告”。当下个星期二到来的时候，就会知道自己是否实现了自己的目标，因为在设立目标的时候使用了可以测量的单位。要有一个可以衡量成功或者失败的标准，以此来准确评价自己的目标实现情况。然后就可以把当前的目标保持下去，或是对部分目标进行调整，如果认为有必要，也可以把它彻底放弃。

A 代表可达成的，是指就个人能力而言，目标是可以实现的。例如，一位 50 多岁、体重 200 斤、过着安定生活的人，突然试图实现一个两周内用 4 分钟跑完 5 公里的目标，这个目标显然是不现实的。

R 代表有一定意义和价值的，是指所设定的目标应该是对自己和他人均无伤害性或破坏性的，而且是有利于个人和社会进步的。例如，希特勒在 1930—1940 年完成了他人生的大部分战争目标，但这些目标并不具有价值和意义。

T 代表有时间限制的，是指确定的目标应该是有具体计划时间范围的。只有设定了时间范围，才可以评估目标完成的情况，否则就会陷入“明日复明日，明日何其多”的局面，最终导致在职业生涯中找不到成就感。

2. 职业路线规划

虽说“条条大路通罗马”，但是每个人必须选择自己的路径。在职业目标确定后，走哪一条路径，此时要作出选择。跨国公司人才培养体系中，常常会提供员工职业发展的路径。如果自己所在组织中没有现成的路径，就需要自己进行设计。例如，是向管理方向发展，还是向专业技术方向发展；还是先走技术，再转向管理路径；等等。由于发展路径不同，在职业发展中采用的步骤也不同。不同的选择意味着不同的工作和生活方式。同时，不同的生涯路线还存在自由职业、自主创业等多种职业生涯形式，所以不同的年龄段可随自己的意愿设置不同的实现目标，会得到不同的结果。因此，在职业生涯规划中，设计路径和选择路径尤为重要。

（五）制定行动计划与措施

确定职业目标和路径后，行动便成了关键的环节。没有达到目标要求的行动，目标就难以实现，更谈不上事业的成功。这里所指的行动，在职业生涯中是指落实目标的具体措施，主要包括工作、训练、教育、轮岗等方面的措施。例如，为达到目标，在工作方面，计划采取什么措施，以提高工作效率；在业务素质方面，计划学习哪些知识，掌握哪些技能，以提高业务能力；在潜能开发方面，采取什么措施开发自己的潜能；等等。这些方面都要有具体的计划与明确的措施，并且这些计划尽可能量化，以便于定时检查。

1. ***大学不同时期的职业生涯规划***

在校大学生职业生涯规划的实施可分为四个阶段，即大一试探期、大二定向期、大三拼搏期以及大四冲刺期。由于时期不同，阶段不同，所以职业生涯规划确定的目标和主要内容也不同。

（1）一年级（试探期）

正确认识大学，认识自我，进行生涯剖析，确定职业目标。初步了解职业，特别是自己未来想从事的职业或自己所学专业对口的职业。提高人际沟通能力。多和学长们交流，尤其是大四的学长，询问就业情况；多参加学校活动，积累更多的交流技巧，为可能的转系、获得双学位、留学计划做好资料收集及课程准备；多利用学生手册，了解相关规定。

（2）二年级（定向期）

夯实基础，进行生涯设计。应当考虑清楚未来是深造、就业，还是自主创业，并以提高自身的基本素质为主，对目标进行细化和调整。通过参加学生会或社团等组织，锻炼自己的各种能力，同时检验自己的知识技能。可以开始尝试兼职、社会实践活动，最好能在课余时间（长时间）从事与自己未来职业或本专业有关的工作，提高自己的责任感、主动性和抗挫折能力。增强英语口语能力、计算机操作能力等。通过英语和计算机等相关证书考试。有选择地辅修其他专业的知识来充实自己。

（3）三年级（拼搏期）

拓展素质，此时更多的是思考专业成才。加强自身综合素质的提升，培养职业目标所需要的各种能力。提高求职技能，搜集公司信息，作出考研还是就业的抉择。撰写专业学术文章时，可大胆提出自己的见解，锻炼自己独立解决问题的能力和创造力。参加和专业有关的暑期实践工作，和同学交流求职工作的心得体会。学习写简历、求职信。了解收集工作信息的渠道并积极尝试，例如校友网络，了解往年的求职情况等。希望留学的学生可参加留学系列活动，准备 TOEFL、GRE，留意留学考试资讯。

（4）四年级（冲刺期）

可对前 3 年的准备作一个总结：首先检验自己已经确立的职业目标是否明确，前 3 年准备是否充分；然后开始工作的申请，积极参加招聘活动；最后预习或模拟面试。了解用人单位资料信息，强化求职技巧，进行模拟面试等训练，尽可能地在作出充分准备的情况下进入实战。

2. **目标与任务及规划**

①经过上述各阶段的评估分析，可以判定一个职业方向（或目标）对自己的适合程度。现在需要做的是分析自己要达成这一职业理想已经具备的条件和所欠缺的条件，明确提升的措施。

②作出每学年的基本规划。每学年末要总结一年来的计划执行情况，然后制定新的规划。

（六）定期评估与反馈

我们处于一个快速发展的时代，计划需要应变化而调整。影响职业生涯规划的诸多因素在不断变化，有的变化因素是可以预测的，而有的变化因素难以预测。在此状况下，要使职业生涯规划行之有效，就必须不断地对职业生涯规划进行评估与修订。其修订的内容包括：职业的重新选择、职业生涯路线的选择、人生目标的修正、实施措施与计划的变更等。

人的一生是不断追求进步和发展的过程，是不断实现自我价值的过程。人生的成功与职业发展存在着密切关系，随着职业逐步走向成功，人不断获得满足感。职业生涯规划能够帮助我们更好地认识自我，进行理性的职业选择；在了解社会的基础上，寻求主动的人生发展；在有了良好的职业生涯规划后，大学生能够明确人生目标，采取积极行动，从而谱写一部有意义的人生篇章。

思考题

1. 职业生涯与人生发展有什么关系？
2. 职业生涯规划的意义及步骤有哪些？

第二章　自我认知

单元导读

职业生涯规划强调，对自我的了解是生涯规划的前提。比如，专业选择本身就受到许多复杂因素的影响。有些学生可能会因为录取专业不是自己的首选，就不喜欢自己所学的专业，这背后其实是将自己的挫折感和现在的专业做了一个错误连接，导致不能接受自己的考学挫折而不接受现在的专业；更有的学生是受周围环境舆论的影响；还有的学生受社会流行看法的影响，觉得一些专业的发展前景不好；等等。这些因素都会在不同程度上令他们迷失方向。因此，大学生职业生涯规划与发展成功的第一步是学会“认识自我”。

学习目标

1. 掌握兴趣探索的方法。
2. 掌握性格探索的相关概念。
3. 掌握能力与技能的相关概念。
4. 掌握职业价值观的体现。

第一节　兴趣探索

一、自我认知概述

（一）自我认知的内涵

“自我”是指一个人对自己多方面知觉的总和。它包括对个人的一系列认识和评价：对自己性格、能力、兴趣、欲望的了解；与别人以及环境的关系；处理事务的经验；生活的目标；等等。自我认知是职业生涯规划的终极意义。

自我认知是指对自己的洞察和理解，包括自我观察与自我评价。自我观察是指对自己在感知、思维和意向等方面的觉察；自我评价是指对自己在想法、期望、行为及人格特征等方面的判断与评估。自我认知是进行清晰自我定位的基础，是个人职业与事业生涯的起点。其包括认知价值观、人生方向和目标，认知性格特征，认清优势和劣势，觉察情绪变化、原因等。

（二）自我认知的原则

自我认知是建立在自我观察与自我分析基础上的对自我身心素质的全面评估，正确的自我认知应把握以下四条基本原则。

1. 适度性

自我认知应当适度，过高的自我认知往往会使自己脱离现实，意识不到自己的条件限制，甚至狂妄自大，由自信走向自负；过低的自我认知往往会使自己忽视自我的长处，缺乏自信，过于自卑。过高或过低的自我认知对自己的成长都是不利的。

2. 客观性

自我认知应当遵循客观性原则。尽管自我认知是自己对自己进行观察、分析和评价，但需要以客观事实作为基础和依据。人贵有自知之明，自知的可贵之处在于自知的不易。

3. 全面性

自我认知要全面。在进行自我认知的过程中，既要看到自己的优点和特长，又要看到自己的缺点和不足；既要对自我的某一方面的特殊素质进行具体评价，又要对自我的整体素质进行综合评价；既要考虑到全面的整体因素，又要考虑到其中占主导地位的重点因素。总之，认识自我时应努力克服个人主观因素的干扰，努力使自我评价趋于客观和真实。

4. 发展性

自我认知时，应以发展变化的眼光看待自己，不但应当对自己的现实素质做适当、全面、客观的评价，而且应当着眼于未来的发展变化，预见性地评估自己将来的发展潜力和发展前景。

（三）自我认知的方法

自我认知的方法比较多，常用的主要有现实分析法、内省法、纵向剖析法、360 度评价法、专家咨询法、职业测评法等。

1. 现实分析法

现实分析法要求准确地把握自我，对自己的人生态度、兴趣和理想有充分的认识。这就要求人们既要认识自己的外在形象，如外貌、衣着、举止、风度、谈吐等；又要认识自己的内在素质，如学识、心理、道德、能力等。

2. 内省法

古人云："吾日三省吾身。"反省自己对认识、把握自己是很有好处的。内省法主要通过回答"我是谁"来反省、分析自己，反省时既要看到自己的优点和长处，又要看到自己的缺点和不足。

3. 纵向剖析法

人是不断变化、发展的。"今天的我"是以"昨天的我"为基础的，同时是"明天的我"的基础，它们相互联系而又不尽相同，但继承和发展是主要趋势，这种关系体现在知识、经验、兴趣、爱好、能力和愿望等各个方面。因此，人们可以对自己进行前后比较，深刻地了解自我、认识自我，从而对自己作出客观的评价。

4. 360 度评价法

古人云："以人为镜，可以明得失。"他人的评价就像一面镜子，映射出另一个角度的自我。360 度评价法原是绩效考核方法之一，自 20 世纪 80 年代以来，迅速为国际上许多企业所采用，其特点是评价维度多元化（通常是 4 个或 4 个以上）。针对大学生职业生涯的自我认知目标，360 度评价法被改良为通过收集家人、朋友、同学、同事、老师等大学生常见社会关系人员的评价信息，获得多层面人员对自己外表、态度、个性、能力、素质等方面的反馈，从而为客观、全面地认识、了解自我做参考。

5. 专家咨询法

用专家咨询法认识自我主要是指个体通过与专家交谈，探讨自己的人生经历、专业、学历、兴趣、价值取向、能力、个人的内外资源等，借助专家的力量来清晰地认识自我、准确地定位，从而找到自己的职业发展方向。

6. 职业测评法

职业测评是心理测验的一个分支，在学术上被广泛认可的心理测验的定义是"行为样组的客观的、标准的测量"。科学的职业测评是以特定的理论为基础，经过设计问卷、抽样、统计分析、建立常模等程序编制的，必须包含效度、信度、常模。效度是指测验结果的准确性，信度是指测验结果的稳定性，常模是指有代表性的样本在测验中的分数分布情形。

科学的心理测验是客观化、标准化的问卷，它的科学性、客观性、可比较的功能是其他自我认识的方法不具有的，因此得到了职业指导机构的广泛推行和使用。常用的职业测评工具主要有迈尔斯-布里格斯类型指标（Myers-Briggs type index，MBTI）、霍兰德职业兴趣测评、职业锚测评、普通能力倾向成套测验（General Apitude Test Battery，GATB）等。

二、兴趣与职业兴趣

（一）兴趣的含义与形成

1. 兴趣的含义

兴趣是人对事物的特殊的认识倾向，该认识倾向是当以个体的特定活动、事物以及人的特性为对象的时候，所产生的情绪紧张状态，即满意的情绪色彩和向往心情。兴趣规定了个人积极探索事物的认识倾向，因而为行动和认识提供了动力，使其对感兴趣的事物优先注意，反映出独特的向往意识。兴趣是以需要为基础的。任何一种兴趣都是在有关活动过程中由于使自己情绪上得到满足或者使自己获得想要的知识而产生的。

简单地说，兴趣就是热爱，就是抛开一切现实因素的喜欢，你在做什么事情时是非常兴奋、非常投入、乐此不疲的？注意不要把你父母的期望、社会的价值观和朋友的影响融入你的答案。假如有一个奇迹，你突然之间得到一个机会，让你觉得好、很好、非常好，我要参加，这是一个什么样的机会？假如你接到一个电话，说有一个很好的工作给你，和你想象的一样，这是一个什么样的工作？发现你的热爱，锁定你的热爱。

2. 兴趣的形成过程

根据发展程度的不同，可以把兴趣的形成过程划分为三个阶段：有趣、乐趣和志趣。有趣是兴趣形成的第一个阶段，处于这个阶段的兴趣与对事物的新奇感相联系，非常不稳定，往往新奇感消失了，兴趣也就没有了。乐趣是兴趣发展的第二个阶段，在这个阶段兴趣变得更加专一、深入。当乐趣与社会责任感、理想、奋斗目标结合起来时，兴趣就进入了第三个发展阶段——志趣。志趣是个体取得成就的根本动力，是成功的重要保证。

（二）职业兴趣

1. 职业兴趣的概念

职业兴趣即对某类职业或工作的积极态度。不同的人有不同的职业兴趣，如果能从事与自己的职业兴趣相符的职业，个体在工作中就能更加积极热情、全神贯注并富有创造力。职业兴趣是个人成功的推动力。古今中外，凡在事业上有成就者无不对自己的职业充满浓厚的兴趣。

职业兴趣不是天生的，它的形成与人们所处的历史条件、实践活动和对自身能力的认识有着密切的关系。例如，当计算机技术得到较大发展时，对这个职业有兴趣的人也增加得很快，这是由现实需求和历史发展阶段决定的。又如，某人从事某种特定职业，在长期实践过程中通过对职业活动的认识，了解和培养了自己的能力和特长，也可引起对该职业的浓厚兴趣。

2. 职业兴趣对职业发展的影响

（1）职业兴趣可以提高人的工作效率

职业兴趣可以调动人的全部精力，使之以敏锐的观察力、高度集中的注意力、深刻的思维和丰富的想象投入工作中去，从而有助于工作效率的提高。有资料表明，如果一个人对某份工作有浓厚的兴趣，他就可能发挥其全部才能的80%~90%，并能长时间地保持高效率而不感到疲劳；如果一个人对某份工作缺乏兴趣，就只能发挥其全部才能的20%~30%，且容易精疲力尽。

（2）职业兴趣是事业成功的重要因素

一个人的兴趣、动机、感情、价值观等倾向性因素都会对其职业生涯产生影响，而在这些因素中，兴趣所起的作用最大。兴趣不仅可以影响人们的职业定向和职业选择，还可以开发人们的潜能，激发人们去探索和创造。对职业有兴趣，在工作过程中就有干劲，容易投入，也容易出成绩，即使遇到不如意或挫折也能迅速调整心态继续坚持下去。如果对所从事的工作缺乏兴趣，就不能专心致志，遇到挫折也容易放弃。

三、霍兰德职业兴趣理论

美国心理学家、职业指导专家霍兰德的职业兴趣理论建立在以下三个假设之上：人可以分为六大类，即现实型、研究型、社会型、事务型、企业型和艺术型；职业环境可以分为相对应的同名称的六大类；人格与职业环境的匹配是形成职业满意度和成就感的基础。

（一）现实型（R）

愿意使用工具从事操作性工作；动手能力强，手脚灵活，动作协调；不善言辞，不善交际。

主要适合从事各类工程技术工作、农业工作，通常需要一定体力，需要运用工具或操作机器。主要职业有：工程师，技术员，机械操作、维修、安装工人，矿工，木工，电工，鞋匠，一般翻译人员，司机，测绘员，制图员等。

（二）研究型（I）

抽象思维能力强，求知欲强，肯动脑，善思考；喜欢独立的和富有创造性的工作；知识渊博，有才华，不善于领导他人。

主要适合从事科学研究和科学实验工作。主要职业有：自然科学和社会科学方面的研究人员、专家，化学、冶金、电子、计算机、无线电、电视、飞机等方面的工程师、技术人员，飞机驾驶员，计算机操作员等。

（三）社会型（S）

喜欢为他人服务和教育他人；喜欢参与解决人们共同关心的社会问题；渴望发挥自己的社会作用，体现自身社会价值；看重社会义务和社会道德。

主要适合从事各种直接为他人服务的工作，如咨询服务、医疗服务、教育服务、生活服务等。主要职业有：教师，保育员，行政人员，心理咨询师，医护人员，衣食住行服务行业的管理人员、服务人员，福利人员等。

（四）事务型（C）

喜欢按计划办事，习惯接受他人的指挥和领导，自己不谋求领导职务；不喜欢冒险和竞争；工作踏实，忠诚可靠，遵守纪律。

主要适合从事与文件档案、图书资料、统计报表相关的各类科室工作。主要职业有：会计、出纳、统计人员、打字员、办公室人员、秘书、文书、图书管理员、导游、外贸职员、保管员、邮递员、审计人员、人事职员等。

（五）企业型（E）

精力充沛、自信、善交际，具有领导才能；喜欢竞争，敢冒风险，处理事情稳重果断；喜爱权力、地位和物质财富。

主要适合从事那些组织并对他人施加影响，使他人共同完成组织目标的工作。主要职业有：经理、企业家、政府官员、商人、领导者、管理者等。

（六）艺术型（A）

喜欢以各种艺术形式的创作来表现自己的才能，实现自身的价值；具有特殊艺术才能和个性；乐于创造新颖的、与众不同的艺术成果；渴望表现自己的个性。

主要适合从事各类艺术创作工作。主要职业有：音乐、舞蹈、戏剧等方面的演员、艺术编导、教师，文学艺术的评论员，广播节目的主持人、编辑、记者，画家，书法家，摄影家，家具、时装、珠宝、房屋装饰等行业的设计师等。

霍兰德划分的这六大类型并不是并列的，也没有明晰的边界。他以六边形标示出六大类型的关系：相邻关系（两种类型共同点较多）、相隔关系（两种类型共同点较少）、相对关系（两种类型对立点多，共同点少）。

人们通常倾向于选择与自己的兴趣类型相匹配的职业环境，如具有研究型兴趣的人希望在研究型的职业环境中工作，这样可以更好地发挥个人的潜能。但是，个体在进行职业选择时并非都能选择到与自己兴趣完全相对应的职业环境。

一是因为个体本身常是多种兴趣类型的综合体，单一兴趣类型显著突出的情况不多。因此，评价个体的兴趣类型时，可根据霍兰德职业偏好测评量表分数的高低依次排列代表类型的英文字母，取得分居前三位的类型构成其兴趣组型，如 RCA、AIS 等。

二是因为影响职业选择的因素是多方面的，不能完全依据兴趣类型，还要参照社会的职业需求及获得职业的现实可能性。

因此，人们进行职业选择时会不断妥协，寻求相邻甚至相隔的职业环境，这就需要个体逐渐适应不匹配的工作环境。但如果个体找到的是相对的职业环境，意味着所进入的是与自我兴趣完全不同的职业环境，则工作起来可能难以适应，或者难以体会到工作的快乐，甚至可能会感到很痛苦。

四、职业兴趣的测评方法

常见的职业兴趣测评方法有三种：一是行为观察，即通过观察个体参与各种活动时的行为表现来推测其兴趣所在；二是知识测验，即通过测试个体掌握特定职业特殊词汇和其他信息的情况来推断其兴趣所在；三是职业兴趣测试，即职业兴趣问卷测验，是目前职业兴趣测评中最具科学性，也是最常用的方法。

职业兴趣问卷测验的基本原理：具有一定兴趣模式的个体更倾向于寻找特定的职业类型，并且一旦从事这种职业，就能比其他人更好地适应。职业兴趣问卷测验实际上就是向被测试者提出一系列问题，要求其指出对职业、学习、娱乐、业务活动等喜欢或不喜欢的程度，然后对测试结果进行分析，以此来确定被测试者的兴趣类型或兴趣倾向。

最早的职业兴趣调查表诞生于 1927 年，是由斯特朗（E. K. Strong）编制的斯特朗职业兴趣调查表（Strong Vocational Interest Blank，SVIB）。目前，在教育、培训、人事组织管理等领域应用最广泛的是霍兰德职业偏好量表。霍兰德职业偏好量表分为活动、职业、能力和自我评价四部分，每部分都分别针对现实型（R）、研究型（I）、艺术型（A）、社会型（S）、企业型（E）、事务型（C）六种类型设置了一些可供选择的选项，选中代表某类型的选项该类型就加 1 分。最后，将六种类型在四个方面的总得分由高到低进行排列，前三项的组合就是被测试者的职业偏好。

第二节 性格探索

一、气质

（一）气质的含义

气质是心理活动表现在强度、速度、稳定性和灵活性等方面的动力性质的心理特征。气质相当于我们日常生活中所说的脾气、秉性或性情。气质是一种相对稳定的自然属性，先天因素起决定性作用，例如，遗传基因相同或相近的人的气质类型虽不完全相同但是很接近。当然，气质的稳定性也不是绝对的，它也是会发生变化的，人在经历过世事变迁之后，气质也可能会有所改变。

（二）气质的类型

关于气质的分类，不同的学者有不同的分类方法，大部分心理学研究者把气质分为四种类型即胆汁质、多血质、黏液质、抑郁质。四种不同的气质类型具有不同的心理特征。

1. 胆汁质

胆汁质心理特征属于兴奋而热烈的类型。这种类型的人在言语、面部表情和体态上都给人以热情直爽、善于交际的印象。有理想有抱负，反应迅速，行为果断，表里如一，不愿受人指挥而喜欢指挥别人。这种人一旦认准目标，就希望尽快实现，遇到困难也不折不挠，有魄力，敢负责；但往往比较粗心，自制力较差，容易感情用事，比较鲁莽，工作带有明显的周期性；能以极大的热情投身于事业，一旦筋疲力尽，情绪顿时转为沮丧而心灰意冷。

2. 多血质

多血质心理特征属于敏捷而好动的类型。这种类型的人易于适应环境的变化，在新的环境里不感到拘束，性格开朗、热情，善于交际。在群体中往往表现得精神愉快、朝气蓬勃，常能机智地摆脱窘境。在工作学习上富有精力而效率高，表现出机敏的工作能力，愿意从事合乎实际的工作，能对工作心驰神往，迅速地把握新事物，在有充分自制能力和纪律性的情况下，会表现出巨大的积极性。兴趣广泛，但情感易变，如果工作不顺利，热情可能消失。不安于循规蹈矩的工作，有时轻诺寡信、见异思迁。

3. 黏液质

拥有黏液质心理特征的人又称为安静型，在生活中是一个坚持而稳健的辛勤工作者。

这种类型的人行动缓慢而沉着，恪守既定的生活秩序和工作制度，不为无谓的动因而分心，一般不做无把握的事。黏液质的人态度持重，交际适度，不做空泛的轻谈，情感上不易激动，不易发脾气，也不易流露情感，能自制，也不常常显露自己的才能。其不足是有时做事情不够灵活，不善于转移自己的注意力；惰性使其因循守旧，表现为固定性有余而灵活性不足。

4. 抑郁质

抑郁质的人沉静而羞涩、敏感，难以承受或大或小的神经紧张。情绪表达的方法较少，但内心体验深刻，不易外露。喜欢独处，与人交往拘束，兴趣爱好少，性格孤僻，遇事三思而后行，怯懦、自卑、优柔寡断，外在行为非常迟缓刻板。

一般来说，各种气质类型的人在从事某些职业时，都会特别有效率，同时各种气质类型的人也都有一些不适合的工作。

（三）气质与职业

职业活动对人的心理动力特点提出了一定的要求，气质对职业活动的影响大体概括为三个方面：一是气质影响职业活动进行的性质，二是气质影响职业活动的特征，三是气质影响职业活动的效率。因此，大学生在选择职业时，应考虑自己的气质类型与特性，使气质特点符合职业活动的要求，这对从事职业活动及将来的发展更为有利。

胆汁质的人适合从事与人打交道、工作内容和环境不断变化并且热闹的工作，如导游、推销员、节目主持人、演讲者、外事接待人员、演员、市场调查员等，不适合需要长期安坐、持久耐心的工作。

多血质的人适合从事与外界打交道、多变、富有刺激性和挑战性的工作，如管理者、外交家、驾驶员、律师、运动员、记者、冒险家、侦查员、干警、演员等，不太适合做过细的、单调的、机械性的工作。

黏液质的人适合稳定、按部就班、静态的工作，如医务工作者、翻译、教师、文员、法官、调解员、会计、出纳员、保育员、播音员等，不太适合从事需要经常策划创造的工作。

抑郁质的人适合安静细致的工作，如作家、画家、诗人、校对员、打字员、排版员、化验员、编辑等，不太适合从事热闹场合的工作。

二、性格

“性格即命运，选择即人生。”这是大家熟悉的一句话。选择的尺度很大，但最基本的原则是适合自己的性格。

（一）性格的含义

性格是一个人对现实的稳定的态度，以及与这种态度相应的习惯化的行为方式所表现出来的人格特征。性格是在社会生活实践中逐渐形成的，一经形成便比较稳定，它会在不同的时间和情况下表现出来。性格的稳定也并不是绝对、一成不变的，而是可塑的。

性格和气质既有联系，又相互区分。

首先，不同气质类型的人在形成性格时是具有倾向性的。例如，多血质容易形成热情好客、机智开朗的性格特征，而黏液质则难以形成这种性格。性格也反映着一个人的气质，性格内向的人往往总体表现出黏液质或抑郁质的气质，而性格外向的人往往表现出多血质或胆汁质的气质。

其次，气质更多地体现了人格的生物属性，性格则更多地体现了人格的社会属性。气质没有好坏之分，不决定一个人成就的高低，任何气质类型的人都可能成为优秀的人，也可能成为碌碌无为的人；而性格受社会历史文化的影响，有明显的社会道德评价的意义，直接反映一个人的道德风貌。个体之间的人格差异的核心是性格差异。

（二）性格与职业的关系

习惯形成性格，性格决定命运。中国古语也有云：“积行成习，积习成性，积性成命。”这都说明性格对一个人人生的影响。不同性格的人适合不同的职业，不同的职业要不同性格的人从事。职业及环境所需要的性格特性，是个人内部的动力，是确定个人在职业上的特征性行为的依据，因此也被称为“职业性格”。例如，对驾驶员要求具备注意力稳定、动作敏捷的职业性格特征，对医生则要求具备耐心细致、热情待人的职业性格特征。当然每个人的性格特征都不能百分之百地适合某项职业，但可以根据自己的职业方向来培养、发展相应的职业性格。

在职业生涯规划过程中理解、透视性格，是为了了解自己的思考方式和行为倾向，更好地接纳自己、发展自己；也是为了了解人与人之间的性格差异，在团队合作方面提出改进措施；同时还能了解不同的性格人群在对职业的选择和适应上的倾向性，以帮助我们合理地作出职业决策、谋划职业发展。

第三节 能力与技能探索

一、能力

（一）能力的含义

能力是顺利、有效地完成某种活动所必须具备的心理条件。能力是和完成某种活动相联系的，能力的发展会受到素质、知识和技能、教育、社会实践、主观努力等因素的影响，因此能力的发展会出现个体差异，如智商的高低、能力类型的异同、能力发展的早晚等。能力是不断发展、永不停滞的，所以时时刻刻都要加强对职业所需能力的培养。

（二）能力的分类

1. 按照能力发展程度分类

按照能力发展程度分类，可以把能力分为才能和天才。才能是具备发展某种能力所需要的各种心理条件。例如，具备了发展音乐能力所需要的心理条件，就可以说有音乐才能。一个人不仅具备了才能，而且发展能力所需要的各种心理条件达到了完美的结合，又为人类作出了杰出贡献，就是天才，如莫扎特、贝多芬都是音乐天才。

2. 按照能力的结构分类

按照能力的结构分类，可以把能力分为一般能力和特殊能力。一般能力即平常所说的智力；特殊能力是从事某种专业活动或某种特殊领域活动所表现出来的能力，如音乐能力、数学能力、写作能力等。

3. 按照能力所涉及的领域分类

按照能力所涉及的领域分类，可以把能力分为认知能力、操作能力和社交能力。认知能力是获取知识的能力，即智力；操作能力是支配肢体完成某种活动的能力，如体育运动、手工操作能力；社交能力是从事社会交往的能力，如语言表达和感染力、组织管理能力等。

4. 按照创造程度分类

按照创造程度，可以把能力分为模仿能力、再造能力和创造能力。模仿能力是仿效他人行为的能力；再造能力是按照现成的模式或程序掌握知识技能的能力；创造能力是不按照现成的模式或程序，独立掌握知识技能、发现新规律、创造新方法的能力。

每个人都具有一种或多种能力组成的能力系统，了解能力的分类，可以更客观、系统地评价自己所具备的各种能力，从而能更准确地匹配职业。

（三）能力的影响因素

影响能力的因素主要体现在素质、知识和技能、教育、社会实践、主观努力五个方面。

1. 素质

素质是有机体天生具有的某些解剖和生理特征，主要是神经系统、脑的特征及感官和运动器官的特征。素质是能力发展的自然前提，离开这个物质基础就谈不上能力的发展。天生或早期听障人士难以发展音乐能力，双目失明者无从发展绘画才能，严重的早期脑损伤或脑发育不全的缺陷是智力发展的障碍。素质是能力发展的自然基础，但不是能力本身。素质作为先天生成的解剖生理结构，不能直接地决定能力。先天素质只是为能力的发展提供了最初的可能性。

2. 知识和技能

知识是人类社会历史经验的总结，从心理学的观点来说，是头脑中的经验系统以思想内容的形式为人所掌握。技能是操作技术，是对具体动作的掌握，它以行为方式的形式为人所掌握。知识、技能与能力有着密切的关系。知识是能力形成的理论基础；技能是能力形成的实践基础。能力的发展是在掌握和运用知识、技能的过程中实现的；同时，能力在一定程度上决定着一个人在知识、技能的掌握上可能取得的成就。能力和知识、技能密切相关，它们之间既相互联系又互相制约，这种关系主要体现在：掌握知识、技能以一定的能力为前提；能力制约着掌握知识、技能的快慢、深浅、难易和巩固程度；而知识的掌握又会导致能力的提高。当然，知识、能力的发展与技能的发展是不完全同步的。

3. 教育

教育是掌握知识和技能的具体途径和方法。教育不仅在儿童和青少年的智力发展中起着主导作用，而且对能力的发展同样也起着主导作用。教育不但使学生掌握知识和技能，而且通过知识和技能的传授，还能促进心理能力的发展。学校教育对学生能力的培养是至关重要的，但是当他们走上工作岗位以后，原来已经掌握的知识和技能就显得不够用，有些甚至已经过时了。因此，在组织中，对在职员工的教育和培训就显得特别重要，他们必须掌握多种知识、多种技能，并能进行综合的运用。

4. 社会实践

能力是人在改造客观世界的实践活动中形成和发展起来的，劳动实践对各种特殊能力的发展起着至关重要的作用。不同职业的劳动制约着能力发展的方向，不同的实践对人们提出不同的要求，人们在实践和完成任务活动中，不断地弥补薄弱环节，从而使能力得到相应的发展和提高。

5. 主观努力

主观努力是获得成功的必由之路。要使能力获得较快和较大的增长，没有主观的勤奋努力是根本不可能的。世界上有这么多政治家、科学家和发明家，无论他们从事的领域有多么不同，他们的共同点都是长期坚持不懈地刻苦努力，顽强地与困难做斗争。没有刚毅、顽强、百折不挠的意志力，任何成就都不可能取得，也无从谈起能力的发展。

二、技能

（一）职业技能培训对促进大学生就业能力提升的作用

1. 职业技能培训有助于强化大学生就业意识

面对就业市场激烈竞争的形势，用人单位的选人观念也发生了变化，不再是只看重学历文凭，毕业生的职业技能和实践能力成为用人单位考察、留用毕业生的重要因素。如某建筑工程类相关专业的招聘公告就列出招聘对象的条件：语言沟通与文字表达能力强，具有良好的团队合作精神、组织协调能力，有事业心和责任感。班干部、中共党员、英语国家六级优先录取。用人单位要求建筑工程类相关专业的毕业生同时具有语言和文字方面的能力，这无疑是对当今大学毕业生提出了更高的要求。高校在人才的培养模式上与社会需求接轨，并进行创新，在理论教学的基础上重视职业技能培训，是强化大学生就业意识的有效途径。

2. 职业技能培训有助于提升大学生职业素养

职业素养是指人们在从事职业活动中所表现出来的职业道德、职业技能、职业行为、职业作风和职业意识等方面的综合素质。大学生只有把理论知识运用于实际的职业技能培训当中，才能真正体验职业人的素养。职业技能培训是展现在校大学生是否具备相应的职业素养的有效途径。它通过模拟自我管理、时间管理、职业礼仪、会议管理、团队合作等职场项目，培养大学生的职业操作能力，从而对大学生的职业素养进行提升。如大学生的实习也是职业技能培训的一种方式，在实习中，大学生通过组织纪律性，团队协作精神，工作责任心，担当意识，独立解决问题的能力以及人际关系的处理能力等方面的培养，其职业素养得到不断修正与提升。如某学校优秀毕业生在基层任村官，从中培养了奉献、创新、实干的作风，平凡的职业点亮了她的青春，这一切源于该毕业生大学期间一直从事班干部等工作，毕业后她在基层工作中，展现了大学班干部工作的良好作风与技能。中小学教师资格面试的主要考查内容就是考生通过基本教学技能展示显现出来的教师基本的职业素养，如对教师职业的认知、心理素质、言语表达和思维品质等。

3. 职业技能培训有助于培养大学生实践技能

职业技能培训突出的是对大学生的实践技能的培训，地方高校如何更好地促进大学生就业就是一个急需破解的问题。地方高校办学方针就是服务地方经济，为地方输送合格的社会劳动者。高校对理工科专业的职业培训无论是在培训课时上，还是在培训场地上都有较好的保障；而对人文类专业的职业技能培训却不尽如人意。人文类专业开设的实践和技能培训课程少，有的专业课程就是纯理论性的枯燥传授，学生得不到实际操练，这样的课程对处于对新知识和新能力充满渴求与尝试阶段的当代大学生来说毫无吸引力。例如教师资格面试就有考查考生教学设计、教学实施和教学评价等教学基本技能的内容，面试有规定时间内备课、演示、答辩等环节。如果考生没有基本的教学技能是难以满足教师职业基本要求的。高校只有针对大学生的实际需求，通过开展各种就业能力提升培训班和职业技能大赛，为大学生提供全方位的就业指导服务，才能促进大学生就业能力的提升。

4. 职业技能培训有助于提高大学生就业质量

实践证明，大学生经过职业技能培训，其就业质量都比较高。职业技能培训是高校培养人才方案改革创新的一种体现，在课程教学上改变传统理论讲授模式，将理论知识运用到实践教学中，理论与实践教学互相补充，相得益彰。当然，高校的职业技能培训，还可以通过学生社团活动、学生志愿者活动等形式。如大学生在校时除学好专业知识外，通过积极参与学校协会、实习等活动，就能凭自己在大学获得的职业技能得到用人单位领导和同事的好评。

（二）地方高校进行职业技能培训的对策

1. 深化教学改革，增加职业技能培训课时

地方高校办学的理念是服务地方与地方经济。教育部发布的地方普通本科高校向应用型转变的指导意见中指出，地方普通本科高校向应用型转变发展，必须进行教学改革，转变人才的培养模式，让培养的毕业生能够走出去，用出去。地方普通本科高校要改变传统办学理念，对人才的培养方案和培养方式进行改革，将实践教学等职业技能培训列为必修课，把职业技能培训和理论教学置于同等重要地位，增加职业技能培训课时。

2. 把职业技能培训课程纳入大学生课程考核体系

如何在当前严峻的就业形势下顺利就业，是摆在地方高校及大学生面前的一项不可回避的艰巨任务。高校在理论教学方面都制定了人才培养方案和培养模式，制定了具体理论课程的教学大纲和严密教学计划，以保证理论课程教学的良好实施。理论课程教学的考核方面，学校和教师都制定了相应的考核方式、考核实施办法及考核结果的反馈办法。但是高校在人才培养方案和培养模式方面都显得略有欠缺，在学生的实习、实践以及理论课程教学内外的职业技能培训方面，无论是重视程度、课时量还是师资都存在不尽如人意的地方。教师在理论课程教学内外的职业技能培训上也存在比较大的随意性，没有明确的培训目标、培训计划及严格的培训考核标准，而是流于形式、走过场，没有考核或考核不严。因此，为了适应地方高校向应用型转变的趋势，也为了培养的人才符合用人单位所需，与社会需求接轨，地方高校应强化对大学生进行职业技能培训的力度，促进大学毕业生顺利就业。

3. 鼓励开展多种形式的职业技能培训

地方高校只有更好地了解地方各行各业的人才需求，才能有针对性地开展多种形式的职业技能培训。地方高校有接近基层的地缘优势，这对大学生就业可以说是一个良好的态势。因此，地方高校可以因势利导，鼓励教师开展、学生参与多种形式的职业技能培训。作为教师，一方面可以开设专门的职业技能培训课程，从事专业理论课程教学的教师应在职业技能培训或实践教学方面增加该专业课程的比重；另一方面可以课外组织学生利用实习、实践活动进行相应的职业技能培训。作为学生，一方面积极参与课堂的职业技能培训并经过严格考核，另一方面在课外参加教师组织的实习或是实践活动，或者自发参与协会、社团和志愿者活动，得到相应的职业技能提升作为素质拓展的补充。这些职业技能培训都可以在地方高校周边县、乡镇得到很好的实施。这种深入基层接地气的职业技能培训方式能为地方高校大学毕业生在基层就业夯实坚实的基础。

4. 加强校企合作，多渠道对大学生进行职业技能培训

高校在办学方面应该适应社会需求的变化，对开设的专业进行评估与调整，对不适应社会需求的专业实行淘汰。高校办学不能闭门造车，而要“走出去，引进来”，开放式办学，这样才能使培养的大学生“招得进来，用得出去”。高校要积极与企业对接，多渠道对学生进行职业技能培训。首先，高校可以制定一套专业化“双师型”教师队伍培养方案，分专业分批次把教师送到工厂或专业技能培训机构学习，提高教师的实践操作技能，以满足职业技能培训需要。高校还可以派教师到企业挂职锻炼，将理论知识运用于实际，成为既有丰富理论知识又有过硬职业技能的“双师型”教师。经过企业挂职锻炼的教师能

将自身具备的理论知识运用于实际事务与生产，并在实际锻炼中弥补自身理论不足，使理论知识更加丰富和完善。这样，教师在课堂上的理论教学就能结合丰富的实际案例，使课堂教学形式不再单一化。其次，高校也可以将职业技能培训的教学任务作为人才培养计划的重要部分，并作为教学部门学期考核任务之一。学校对于职业技能培训应扎扎实实落实到每位大学生的学习任务上。这就需要学校在制定人才培养方案上重视大学生的职业技能培训，而且需要在培训课时、培训师资以及培训考核上制定详细的实施计划及严格的监督和考核机制，必要时可以根据考核结果实行奖罚。再次，高校还可以鼓励学生在校内外自发组织社团、协会、公益团队及寒暑假期的下乡实践活动等多种形式和多渠道的职业技能培训活动。最后，高校还可以与企业合作办学，聘请企业技术人员到高校进行职业技能方面的教学，帮助学生走进企业观摩、实习或是兼职，高校与企业签订职业技能培训合作协议，共同完成对大学生的职业技能培训任务。

解决大学生就业难题，职业技能培训势在必行。高校尤其是地方高校的培养方案应该向应用型转型，这样才能更好地适应社会对人才的需求。高校必须将职业技能培训作为一项常规教学工作层层落实，加大对大学生的实践教学和职业技能的培训，深化教学改革，增强大学生的职业意识，多渠道、多形式开展职业技能培训，使职业技能培训由课内延伸到课外，甚至是校外。大学生只有凭借职业技能培训练就实际的技能，才能更好地增强就业竞争力。

第四节　职业价值观探索

一、价值观

（一）价值观的含义

价值观是指个人对客观事物（包括人、物、事）意义、重要性的总评价，是对“什么是好的”的总看法，是推动并指引一个人采取决定和行动的原则、标准。简单来说，价值观是人用于区别好坏、分辨是非的心理倾向体系。

价值观是一种内心尺度。它融于人格当中，支配着个人的行为、态度、信念、理解、生活目标和追求方向等，也支配着个人认识世界、自我了解、自我定向、自我规划等，并为自认为正当的行为提供充足的理由。每个人都有自己独特的价值系统。

（二）价值观的作用

价值观一旦确定，即开始决定、调节、制约个性倾向中的需要、动机、愿望等，可以说，它是个人动机和行为模式的“统帅”。需要、动机的目的、方向受价值观的支配，只有经过价值判断之后被认为是可取的，才能被个体转换为行为的动机，并以此为目标引导自己的行为。

价值观无论在生活中还是在职业发展中都起着极其重要的方向性作用，它对人的影响甚至超过了兴趣和性格。价值观使人的行为带有稳定的倾向性。一个人越清楚自己的价值观，越了解自己在工作和生活中想要寻求什么，他的人生发展目标通常也就越清晰。

二、职业价值观

（一）职业价值观概述

俗话说，人各有志。这个“志”表现在职业选择上就是职业价值观，它是一种具有明确目的性、自觉性和坚定性的态度。舒伯认为，职业价值观是个人追求与工作有关的目标，从事满足自己内在需求的活动时所追求的工作特质或属性，它是个体价值观在职业问题上的反映。由于年龄、阅历、教育状况、家庭影响、兴趣爱好等方面的不同，人们对各种职业有着不同的主观评价。各种职业在劳动内容上、在劳动难度和强度上、在劳动条件和待遇上、在所有制形式和稳定性等诸多问题上，都存在差别，再加上传统思想观念等的影响，各种职业在人们心目中的声望、地位便有了好坏高低之分。这些评价形成了个人的职业价值观，并影响着个人对就业方向和具体职业岗位的选择。

（二）职业价值观的分类

职业价值观是一个复杂的多维度的心理因素，包括多种要素，但各要素起的作用不同。我们把职业价值观中主要的因素总结为以下三类。

第一，发展因素。其包括符合兴趣爱好、机会均等、公平竞争、工作有挑战性、能发挥自身才能、工作自主性大、能提供培训机会、晋升机会多、专业对口、发展空间大、出国机会多等，这些职业要素都与个人发展有关，因此称为发展因素。

第二，保健因素。其包括工资高、福利好、保险全、职业稳定、工作环境舒适、交通便捷、生活方便等，这些职业要素与福利待遇和生活有关，因此称为保健因素。

第三，声望因素。其包括单位知名度高、单位规模和权力大、行政级别和社会地位高等，这些职业要素都与职业声望和地位有关，因此称为声望因素。

（二）职业价值观的测评

1. 价值问卷

价值问卷是对个人价值观的测量问卷。用于职业生涯辅导的价值问卷主要用于测量与个体生涯选择有关的价值。对于价值观的测评，国内外一般都采用量表法（测量法），即根据一定的理论编制相应的问卷。国外的量表一般都是基于研究者自己对于职业价值观定义与结构的理解而编制的，比较著名的有明尼苏达重要性问卷（Minnesota Importance Question-naire，MIQ）、高登的职业价值观量表（Occupational Values Inventory，OVI）和塞普尔的工作价值观量表（Work Values Inventory，WVI）。我国的职业价值观研究起步较晚，早期主要以引进和修订西方成熟量表为主。近年来，许多研究者也自觉、严谨地编制了一系列具有中国特色的量表，如于海波的师范生职业价值观量表，但不具有通用性，因而没有得到普遍应用。

2. 观察法和面谈法

观察法就是通过对个体日常言谈举止、情绪行为进行一段时间的观察，然后从观察者的角度去评价其价值取向。面谈法就是对一些大学生进行访谈，询问他们对就业的准备和看法，让他们描述就业前的心理状态等。

三、树立合理的职业价值观

职业价值观的困惑会影响职业生涯发展和生涯满意度。大学生在职业选择上经常遇到职业价值观的困惑。一方面，重视所选职业与所学专业或经验是否对口，希望个人的兴趣爱好得到满足，实现个人的价值；另一方面，择业方向高度集中，大部分求职者希望到政府机关、国有大企业、事业单位或外资企业工作。

职业价值观的困惑更突出地反映在职业道德的冲突上。一方面，个体有着强烈的集体主义意识，并崇尚自强进取、勤奋敬业、质朴俭约、诚信交往的道德价值观；另一方面，又有拜金主义、享乐主义和个人主义的倾向，甚至表现出对物质、功利、享乐的崇拜，对精神世界的漠视。如果遇到职业价值观的困惑，需要对自己的职业价值观进行重新审视、调整。

（一）分清职业中的终极型价值观和工具型价值观

1937 年，心理学家米尔顿·罗克奇（Milton Rokeach）提出把价值观分为工具型价值观和终极型价值观两种。终极型价值观是指“感觉”，是一个人希望通过一生的奋斗而实现的目标；而工具型价值观是指“事物”，是偏爱的行为方式或实现终极价值观的手段。

例如，金钱、工具、汽车、房子等属于工具型价值观；而快乐、幸福、成就感、尊重等属于终极型价值观。有些人总觉得工作的目标是开豪车、住别墅、吃山珍海味、穿名牌，其实仔细想想，真正想要的是物质背后那种自豪、激越、美好的感觉。这种感觉才是自己最终想要的，而物质只不过是帮助达到终极感受的工具而已。很多时候，人们总是忙于获得工具价值，而渐渐忘记了当初真正想要实现的价值，而沦为工具价值的牺牲品。

实际上，我们要的可能是考上大学带来的自信、快乐，工作带来的成就感，婚姻家庭带来的幸福、安全和温暖，唯有终极型价值观的实现才能使心灵得到满足，让人生更丰盛、收获更多。澄清职业价值观时，需要有清醒的认识。

（二）改变价值规则

两个人可能拥有一样的价值观，但是对这一价值观的定义及价值规则未必一致。例如，对于“成功”，有的人认为要赚到1000万元才算成功，而有的人认为每天活得健康、工作快乐就是成功。这是对同一价值观的两种不同的定义，也可以说是不同的信念。

价值规则调整就是纠正对价值观的不合理的定义。合理定义的重要原则：所制定的规则要能够帮助自己而不是阻碍自己达到目的；它必须是所能掌握的，这样外界就无法控制自己的感受；它要让自己能很容易地感到快乐，很难感到痛苦。因此，理顺自己的职业价值观，将使职业生涯更为顺畅。

思考题

1. 职业兴趣的测评方法有哪些？
2. 气质以及性格的概述及其分类有哪几种？
3. 职业技能培训对促进大学生就业能力提升有何作用？
4. 怎样树立合理的职业价值观？

第三章　社会职业认知

单元导读

社会职业的产生、发展与人类生产、生活密切相关，无论是社会的整体发展变迁，还是社会个体的生存与发展，任何社会领域、社会群体都离不开社会职业。因此，社会职业认知的产生、发展是大学生个体职业生涯规划中不可缺少的一个环节。

学习目标

1. 掌握社会职业认知的概述及意义。
2. 掌握用人单位的类型及选材的标准。
3. 了解社会职业的评价及其信息的获取。

第一节　社会职业认知概述

一、社会职业的产生

社会分工是职业产生的基础，处在一定历史阶段的生产力、所有制形式下的分工状况，是社会职业产生及其发展的决定性因素。

在人类社会的原始氏族公社时期，生产力很低，劳动过程中只有简单的自然行为方面的分工，谈不上什么职业。后来由于需要、偶然性、天赋等，出现了自发的或自然产生的社会分工，而因此从事的某项工作还不是真正意义上的职业，准确地讲是一种低级的、原始的、不固定的职业分工。

真正意义上职业的产生，是在原始社会后期才出现的。在原始社会末期，由于劳动生产方式的进步、人口的增长，引发了三次社会大分工，社会职业应势而生。

第一次社会大分工的标志是农业和畜牧业的分离。人类在早期的征服自然过程中，有些部落学会驯养动物以取得乳、肉等生活资料，随着较大规模畜群的形成，这些部落开始主要从事畜牧业，使自己从野蛮人群中分离出来，成为游牧部落。游牧部落生产的生活资料不同于其他部落，而且数量较多，从而促进了交换的发展，使经常的交换成为可能。放牧一群牲畜，只需要少数人，于是，个体劳动代替了共同劳动，相应地出现了私有制，家庭也随之发生了变化。男子从事的畜牧业成为谋生的主要手段，从而男子在家庭中取得了统治地位。后来，农业和手工业也有所发展，谷物成为人类的食物，出现了织布机和青铜器，人们开始掌握矿石冶炼和金属加工。生产部门的增加，使人的劳动力能够生产出超过劳动力所必需的产品，于是战俘不再被杀掉，而被吸收为劳动力，成为奴隶。这样，就零散地出现了奴隶制社会。第一次社会大分工的结果引发了第一次社会大分裂，社会分裂为两个阶级：主人和奴隶、剥削者和被剥削者。

第二次社会大分工的标志是手工业与农业的分离。铁制工具的使用和生产技术的进步，促进了农业的发展和劳动生产率的提高，也使手工业向多样化方向发展。如此多样化的活动已经不能由一个人来进行了，于是发生了第二次社会大分工，手工业从农业中分离出来，形成了专门从事工艺技术的工匠师傅和独立的手工业劳动者。随着第二次社会大分工，出现了直接以交换为目的的商品生产。交换的发展，使贵金属成为占优势的货币商品。在社会上一旦出现了货币财富，它便成为人们追求的对象和重要的生活目的，一些人会想方设法积累财富。剩余产品逐渐增多的情况，提高了人的劳动力的价值，在前一阶段还是零散现象的奴隶制社会，现在成为社会制度的本质组成部分。

第三次社会大分工的标志是商业的出现。由于商品交换的发展，出现了一个不从事生产只从事交换的商人阶级，产生了专门从事商业活动的商人。他们作为生产者之间的中间人，剥削生产者，并取得了生产的领导权。因交换发展的需要产生了金属货币。土地私有权被牢固地确立起来，土地完全成为私人财产，它可以世袭、抵押以至出卖。这一阶段，除了自由人和奴隶的差别以外，又出现了富人和穷人的差别，这是随着新分工产生的新的阶级划分。财富更加集中，奴隶人数增多，奴隶的强制性劳动成为整个社会的经济基础。有了阶级对立，于是产生了国家。

三次社会大分工过程逐步形成了物质生产劳动和精神生产劳动、体力劳动者和脑力劳动者的分离，开始形成和产生实质性的、真正意义上的职业。社会大分工经过了漫长的历史演变，在现代社会达到了极大的广泛性和普遍性，没有社会大分工就没有生产、财富和人类社会的向前发展。社会分工一方面在生产者中趋向于细密、专门、单一化；另一方面在管理者中趋向于整体、统观、综合化。现如今职业不再是按性别（男耕女织）和年龄特点来划分，也不是仅仅局限于家庭范围内的物质生产劳动的分工，而是依照劳动者的类型、形式在全社会范围内来划分，而且现如今职业也不是偶然存在的社会性分工。这就进一步表明了，社会上每一种职业都是社会发展过程中长期形成的一种分工形式，是根据一定社会意义运用相应的知识、技能、习俗和个人经验所进行的劳动，社会职业的形成是以劳动分工为基础的。

二、职业生涯规划中社会职业认知的意义

（一）社会职业认知的含义

社会职业认知是指在生活、学习、交往中形成的对某种具体职业的认识和评价，具体包括对职业本身的认识和对职业环境的认知。建立职业认知实质上是一个职业试探的过程，即人们通过各种方法来检验自己比较适合于哪类职业的过程。

当代大学生在职业认知方面有其自身特点：一方面，求职是大学生从学校步入社会的桥梁，大学生很重视求职过程，而且大学生在学校受过有关职业认知方面的教育，很多大学生在职业认知方面有较强的主动性；另一方面，大学生具有较强的自控能力，这为大学生实现更好的职业认知奠定了一定基础。

（二）社会职业认知的内容

职业发展和变迁的规律不仅要求我们了解职业的种类，而且要求我们了解职业的环境。“知己知彼方能百战不殆”，我们在全面认识自己的基础上，还应该充分了解职业所处的环境需求，清楚地认识职业所处的环境特征，从而谋求个人职业生涯发展的成功。对职业所处环境的认知，既包括对职业的社会环境、行业环境、企业环境和岗位环境的认知，又包括对家庭环境和学校环境的认知。

1. 社会环境分析

职业是处于社会环境中的职业，职业的发展是以社会的发展和需要为前提的。个体进行职业选择时，要充分认识到社会环境对职业发展的影响。对职业进行社会环境分析，主要是对政治环境、经济环境、法治环境、科技环境、文化环境等宏观因素进行分析。

政治环境主要涉及国家的职业方针和政策，对职业发展起导向作用，比如，国家为了促进大学生就业，从 21 世纪初期开始实施了一系列引导高校毕业生到基层就业的项目，像“三支一扶计划”“大学生志愿服务西部计划”“农村义务教育阶段学校教师特设岗位计划”等，还有公务员招录政策等，这使得我们进行职业选择的范围更加广泛。

经济环境是影响职业选择和发展的重要因素。一般来讲，经济发展形势越好，社会提供的可供选择的职业种类越多，就业的概率越大；相反，当经济处于萧条时期，必然对人才的需求会降低，因而，职业选择和发展的空间就会缩小。如 21 世纪初期的“次贷危机”所引发的全球金融危机爆发之后，我国的金融行业、外贸行业和与出口有关的制造业受到严重影响，珠江三角洲甚至出现倒闭潮和失业潮，导致岗位需求紧缩，此时进行职业选择，空间就会大大缩小，势必导致个体职业生涯规划的调整和改变。

法律环境和文化环境主要指与职业相关的法律、法规，教育条件和水平等因素。用人单位聘用人才要受到法律的约束，比如 8 小时工作制、最低工资水平等。而文化环境会影响到人们的行为和基本信念。如在中国，受传统文化的影响，很多人都希望自己能有一个安身立命的“房子”，希望自己所从事的工作能够“有面子”，所以在职业选择时会更多地考虑这些因素。

2. 行业环境分析

行业环境分析主要是对拟选择的职业所属行业的环境分析，包括该行业的发展状况和前景、优势和劣势、对人才的需求等。行业是由一定数量的企业集合而成的，其发展态势和职业的发展前景休戚相关，也是我们进行职业选择时确定发展方向的指针。要对一个行业进行环境分析，最好的方法就是寻找该行业中的代表性企业或标杆人物进行调研，或者对这个行业的一般员工进行职业访谈，了解该行业的核心竞争力是什么，其发展前景如何，国家对此有无政策性的扶持，如果要进入该行业需要具备哪些素质和从业资格证书，职工的薪酬待遇如何，有无自我发展的机会，内部竞争是否公平，等等。比如，从事教师行业必须具备教师资格证才能上岗，要想成为律师则必须通过国家司法考试。了解行业的相关信息，可以让我们提前着手准备，按照既定的目标去培养自身能力，从而使得我们的职业目标更容易实现。

3. 企业环境分析

企业环境分析指个体对自己拟选择的企业进行全方位的了解，是个体进入职业领域的重要一环。要进入某个企业就业，首先需要对该企业的内部文化、发展历史、组织机构、领导团体、管理理念、发展战略等进行全方位的了解和评估，衡量企业的发展前景，知晓个体当前的状态和企业对人才的需求标准之间存在的差距，自我的发展理念和企业的人才升迁标准是否冲突，从而确定个体对企业的适合程度和喜欢程度。经过了解和分析，如果觉得企业对自身的适合度很高，那接下来的事情就是拟定个体具体的发展目标，逐步培养自身能力，向企业靠拢。如果觉得自己不适合在该企业就职，或者认为该企业不是自己喜好的类型，就应重新开始企业搜索，寻找合适的企业就职。

4. 岗位环境分析

岗位环境分析是职业环境分析中最具体化的部分，岗位即我们选择的职业是干什么的，简单说就是职位。对岗位进行环境分析主要是了解该岗位的工作内容是什么，需要具备什么样的素质和能力，在企业部门中的地位和作用如何，工作的同事有哪些，其晋升的渠道是什么，是否畅通等。对岗位的信息有了详细的了解之后，一方面可以评估自己是否喜欢该岗位，另一方面为就业提前做好心理准备，避免上岗之后产生较大的心理落差，以致出现焦虑或倦怠，影响职业发展。

5. 家庭环境分析

个体的成长离不开家庭，其人格面貌不可避免地会打上家庭的烙印。从小时候开始，父母就不断地教导我们要好好读书，期望我们长大后能够找到一个好工作，而这里的“好”有很多的含义在里面，可能是有声望、有地位、有好待遇，也可能是继承父母的衣钵，进入相同的行业，还有可能是进入家族企业。父母的职业类型和期望往往会影响到我们对职业的选择。比如父母的职业是医生，他们可能更期望自己的子女也能在医学领域内工作，所以在日常生活中给子女灌输的也是和医学有关的职业信息。因此，我们在进行职业生涯规划时，要能够根据自己的成长经历，分清楚哪些是父母期望的，哪些是自己想要的，哪些是自己擅长的，对自己的职业规划进行修正和调整，确立合理的职业目标。

6. 学校环境分析

学校环境分析主要是了解我们所在学校的性质、优势和所学专业的特色。学校的性质不同，培育学生的方向就会不同，其所指向的职业类型也会因此不同。比如工科类院校和师范类院校的学生会因为学校培养的目标差异而出现能力的差异，师范类院校的学生获得的更多是专业理论知识、人际交往、言语表达等方面的教育，由此更擅长从事和人打交道的教学工作；而工科类院校可能更注重学生的动手操作能力和逻辑推理能力的培养，因此学生的实践操作能力较强，更擅长从事和物打交道的工作。另外，大学是对学生进行专业化培训的场所，而用人单位在选聘人才时也往往会提出专业的要求。所以，我们应立足于自身的专业，结合学校的优势，综合分析，做好自我定位。

（三）社会职业认知在职业生涯规划中的意义

职业认知是对职业个性、职业偏好及职业信息等方面的认识，是一种主动或被动认识职业的过程或活动，它通过对职业生涯规划中全部或部分环节、因素施加作用，从而影响整个职业生涯规划的设计、调整与修正。

1. 职业认知是职业生涯规划的外在条件

“职业指导之父”帕森斯指出，要做好职业生涯规划，除了要了解自我外，还要了解职业，如果对职业认知不清，就无法进行恰当的自我定位，即便对自我的认知很清晰，也难以制定出合适的生涯发展计划。反之，个体的职业认知能力越强，越能准确、客观地结合个人实际，则职业生涯的成功就越有希望。所掌握的职业信息有多少，对社会上的职业了解了多少种，哪些职业比较适合自己，它们要求具备什么技能之类的问题，需要对职业世界有充分了解之后才会有答案。

2. 职业认知是职业生涯规划的重要影响因素

根据有关调查研究，阻碍大学生实现职业生涯规划的一个重要原因是他们不知道有什么职业可供自己从事，不知道相关职业的发展路径，即他们对外界信息掌握得不充分。职业认知能力越强，就越能准确客观地评价自己，确定恰当的就业期望，并最终找到满意的工作；职业认知能力越弱，就越不能客观评估自己，以致自卑、沮丧，对找到满意工作失去信心。

3. 职业认知是职业生涯规划的必要环节

所谓的职业生涯规划是指个人和组织相结合，在对一个人职业生涯的主客观条件进行测定、分析、总结研究的基础上，对自己的兴趣、爱好、能力、特长、经历及不足等各方面进行综合分析与权衡，结合时代特点，根据自己的职业倾向，确定最佳的职业奋斗目标，并为实现这一目标作出行之有效的安排，而职业认知是职业生涯规划中不可缺少的一个环节。

职业生涯规划要充分认识与了解相关的环境，评估环境因素对自己职业生涯发展的影响，分析环境条件的特点、发展变化情况，把握环境因素带来的优势与限制，了解本专业、本行业的地位、形势以及发展趋势，要为职业目标与自己的潜能以及主客观条件谋求最佳匹配。

职业生涯规划要以自己的最佳才能、最优性格、最大兴趣、最有利的环境等信息为依据，要考虑性格与职业的匹配、兴趣与职业的匹配、特长与职业的匹配、专业与职业的匹配。①依据客观现实，考虑个人与社会、单位的关系；②比较职业的条件、要求、性质与自身条件的匹配情况，选择条件更合适、更符合自己特长、更感兴趣、经过努力能很快胜任、有发展前途的职业；③扬长避短，看主要方面，不要追求十全十美的职业；④审时度势，及时调整，要根据情况的变化及时调整择业目标，不能固执己见，一成不变。

第二节 社会职业与就业

一、用人单位类型

用人单位也称“组织”，是为执行一定的社会职能，完成特定的社会目标而建构、重建的相对独立的社会工作单位。根据《关于在劳动计划和统计中划分企业、事业、机关单位的暂行规定》，这些单位的划分是以独立核算单位为依据，结合工作性质而确定的。独立核算单位的条件有3个：①行政上有独立的组织形式，且具有法人资格；②会计上独立核算盈亏，独立编制资金平衡表或财务预算、决算表；③有权与其他单位签订合同，并在银行设有独立户头。

社会对人力资源的需求，是用人单位雇佣人员和职业岗位得以存在的原因。人作为职业劳动者，是一种对企业、事业、机关以及其他各类用人单位的经济要素供给；职业岗位是一种对于人力资源供给的社会经济要素需求。

用人单位是承担着特定的社会职责，具有明确的活动目标、内容和组织机构的社会实体，主要有企业单位、事业单位、政府机关、社会团体、民办非企业单位、个体经济组织和部队及国防单位。

（一）企业单位

企业是从事社会经济活动的单位（是从事商品生产、流通、经营和服务性经济活动，以营利为目的，并在工商行政管理部门登记的独立核算单位），其用人可分为经营、管理、技术、操作等类别。企业包括农业企业、工业企业、建筑企业、交通运输和邮电通信企业、商业企业、公共饮食企业、物资供销和仓储企业、房地产开发企业、居民服务企业和市内公共交通企业、文化企业、金融保险企业、其他企业。

（二）事业单位

事业单位是为生产和生活服务，为提高人民科学文化水平和素质服务的独立核算单位。它包括农、林、牧、渔、水利事业，地质普查和勘探事业，勘察、建筑设计事业，交通运输事业，房地产管理、公用事业和咨询服务事业，卫生、体育和社会福利事业，教育、文化艺术和广播电影电视事业，科学研究和综合技术服务事业，其他事业。

事业单位一般指主要由国家财政经费开支、不从事独立经营而从事为社会服务的工作单位。事业单位中的许多单位由国家（或地方政府）财政拨款，是非营利性组织；有的是由国家（或地方政府）非全额拨款，自身在业务活动中获取一部分业务费用；还有的事业单位完全靠自收自支维持运行。

（三）政府机关

政府机关是国家和地方各级政府行政管理机构的总称。政府机关是指行使国家权力，具有国家行政、检察、审判职能，组织协调社会、政治、经济、科技等活动的独立核算单位。它包括国家权力机关、行政机关、司法机关、军事机关、党政机关。在政府部门中的人员，除少部分专业技术人员和后勤人员外，主要是国家公务员，获得公务员职业岗位一般需经过公开考试录用。

（四）社会团体

社会团体是指中国公民自愿组成，为实现会员共同意愿，按照其章程开展活动的非营利性社会组织。社会团体的情况也比较复杂，有的社会团体是党派团体；有的社会团体如工会、共青团、妇联、工商联等是人民团体和群众团体；有的社会团体如文学艺术联合会、足球协会等是文化艺术体育团体；有的社会团体如法学会、医学会等是学术研究团体；此外还有各种行业协会等社会经济团体。这些社会团体没有明确规定参照，但实践中对列入国家编制序列的社会团体，除工勤人员外，其工作人员是比照公务员法进行管理的。除此以外的多数社会团体，如果作为用人单位与劳动者订立的是劳动合同，就按照《劳动合同法》进行调整。

（五）民办非企业单位

民办非企业单位是由企业、事业单位、社会团体和其他社会力量以及公民个人利用非国有资产举办的，从事非营利性社会服务活动的社会组织。它实际上是民间举办的事业单位，包括教育、科技、文化、卫生、体育、职业培训、民政、法律、社会中介服务等类型。

（六）个体经济组织

个体经济组织是其经济资源和收益归个体所有并支配的营利性经济实体，这种组织也吸收着一定数量的从业人员。

（七）部队及国防单位

部队及国防单位既包括中国人民解放军的陆军、海军、空军、战略导弹部队（即第二炮兵）和其他技术兵种，也包括为其提供支援、服务的相关单位，还包括武警、消防、边防等多种类别的人民警察部队。部队及国防单位担负着保家卫国和维护社会稳定的重要职责。

二、社会选才的通行标准

知识经济时代，人力资本成为推动经济发展的最核心因素，社会用人单位尤其是作为市场经济活跃细胞的企业，更加重视人才支援对企业发展的贡献率，选拔和聘用人才业已成为企业发展的重要方式，其选聘人才的通行标准主要包括以下几方面。

（一）优秀的道德品质

在现代职场中，最为用人单位所看重的往往并不是求职者的专业素养和学习成绩，而是诚信、责任心、忠诚、奉献精神等很多常常为学生所忽略的道德品质。许多知名企业都把道德品质列在人才标准的首位，因为道德是立身之本，是一个人素质的核心体现。恰恰就是这些看似平常的品质，决定着一个人在职场中能否成功以及所能到达的高度。

对于接受了高等教育的大学生，要首先注重自身道德素养的培养，“不以恶小而为之，不以善小而不为”，要从小事做起，从荡涤自己的心灵开始，养成优良的道德品质，为自己的未来发展奠定坚实的道德基础。

（二）崇高的敬业精神

爱岗敬业是职场从业者基本的价值观和信条，是职业精神的核心，是对从业者工作态度的普遍要求。在当今全球经济向知识型、高技能、资讯科技高速发展的时代，企业考虑的不再仅仅是专业人才的欠缺，而是更加担忧敬业精神的遗失。作为一个年轻人，要想适应当今的职场，成为受单位欢迎的人，就必须重业、乐业、勤业和精业，具备明确的工作目标和强烈的责任心，带着激情去工作，勤奋、踏实、尽责、有效地完成自己的本职工作，在领导和同事心目中树立爱岗敬业、忠于职守的美好形象。

（三）对企业文化的高度认同

企业文化是企业的灵魂，是推动企业发展的不竭动力，是企业在实践中逐步形成的为全体员工所认同、遵守、带有本企业特色的价值观念，是经营准则、经营作风、企业精神、道德规范、发展目标的总和，其核心是企业的精神和价值观。

对企业文化的认可与接受程度反映着毕业生个体的价值观与企业所追求的价值的一致性。对企业文化认可程度高，则意味着个体可以更好地将个人价值的实现与企业追求的目标有机结合，从而自觉地把自己融入企业大团队中，产生极强的自豪感、责任感、忠诚度和工作力，自觉服从企业规范与管理，用企业文化来约束自己的行为，以积极的心态和高效的工作为企业发展出力，最大限度地发挥个体的作用。相反，对企业文化认可程度低，就意味着个体很难将个人追求与企业发展目标统一起来，也无法真正融入其中，反而常常会由于价值观念上的差距和矛盾而产生对企业的拒绝、抵触和逃避情绪，影响到工作的态度和个体创造性的发挥。

大学生求职前，要着重对所选择企业的企业文化有所了解，看自己是否认同该文化。了解企业文化，既是增加择业成功的砝码，也是对自己的职业发展负责。

（四）良好的团队意识与合作能力

在社会分工不断细化，各个行业和领域专业化和专门化的程度都在不断提高的今天，无论是生产还是研究，人们面临的问题都日益复杂，而且包含着多学科的内容，一个人很难胜任，需要多种人才通力合作，综合多方面的知识才能解决。因此，合作意识和团队精神就显得极为重要。

优秀的企业都很注重团队意识与合作精神，将之视为企业文化的重要价值观之一。优秀的企业都希望员工能将个人努力与实现团队目标结合起来，成为可信任的团队成员。在未来社会中，具有良好的团队意识与合作精神已成为高素质人才的必备条件。

（五）出众的创新能力

创新是社会发展和进步的源泉，是一个民族进步的灵魂，是一个国家兴旺发达的不竭动力。不创新，新的思想无法产生；不创新，新的产品无法问世。可以说，思想改变了世界，创新造就了辉煌。对于大学生来讲，创新能力源于扎实的基本功。对于企业来讲，创新能力不但是其选人的标志，也是其用人的重要标志，进入单位的大学生能否敢于在技术、管理等各个方面开拓创新，将在很大程度上决定其是否受到单位的重点培养。

（六）出色的学习能力

知识改变命运，学习改变未来。21 世纪是学习的世纪。我们处于一个变革的时代，只有不断地学习新知识，才能适应形势的发展和职场的快速变化，在时代的竞争中求得适应于发展的主动权。用人单位对于学习能力的要求已不仅仅停留在“学会”的层面，而是包括“应学”“能学”和“学会”等多方面的内容。这要求大学生不但要具有自主学习的意识，还要掌握科学的学习方法，具有勤奋学习的动力、创造性学习的态度、全面学习和终身学习的观念，从而使学习体现在个人职业生涯发展的整个过程。

上面所列举的六个方面是用人单位选拔人才时关注的部分内容，伴随着社会的发展和竞争的加剧，执行能力、思考能力、交往与沟通能力、协调能力、心理调节能力以及工作经验等，同样是今天的职场对职业人素质进行衡量和检验的具体指标。大学生应努力培养和提高这些职业化素质和能力，以更好适应社会和用人单位对人才的需要。

三、社会就业制度

社会就业制度是由求职择业录用制度与走上岗位后的管理制度构成的。从我国的情况来看，社会就业制度与社会主义市场经济体制密切相关。目前，我国人力资源主要是市场化配置的模式，它促进了社会就业制度的不断完善。

（一）求职择业录用制度

1. 求职登记和职业介绍制度

按照我国颁布的失业人员登记管理办法规定，在一定劳动年龄内，有劳动能力，目前无业而要求就业的一般城镇居民，包括学校的毕业生，要到地方政府人力资源和社会保障部门的劳动就业服务管理机构（各市、区、县职业介绍中心和城镇各街道劳动管理科、职业介绍所）进行登记，领取求职证。进行登记后，就取得了合法的就业资格。这是政府介绍就业的前提，也是对失业人员发放失业保险金的先决条件。

2. 招收录用制度

根据我国人力资源管理体制，国有企业和非国有单位具有完全的用工权，企业招收普通员工后，要报人力资源和社会保障部门备案；国有企业和非国有单位招收管理人员、技术人员，须报政府人才交流中心批准。

政府机关、事业单位招收有正式编制（体制内就业）人员，由上级主管部门和政府人事部门批准其人数编制后，才能招收。政府机关招收公务员和事业单位招收带编工作人员（职员），一般通过政府有关部门举办的考试选拔录用。

3. 社会保险制度

社会保险制度包括养老保险制度、医疗保险制度、失业保险制度、工伤保险制度和生育保险制度。失业保险制度是我国社会保险制度的重要组成部分，是依法筹集失业社会保险基金，对因失业而暂时中断劳动、失去劳动报酬的劳动者给予帮助的社会保险制度。

社会保险制度是国家通过立法强制实行的，由劳动者、企业（业主）或社区以及国家三方共同筹资，建立保险基金，当劳动者因年老、工伤、疾病、生育、残废、失业、死亡等原因丧失劳动能力或暂时失去工作时，给予劳动者本人或供养的直系亲属物质帮助的一种社会保障制度。它既是保证劳动力再生产的必要条件，也是提高劳动生产率、均衡企业负担的有利因素；同时它也为企业改善经营管理和搞好劳动保护工作提出了统一的规范，为解决一系列社会问题创造了条件。社会保险制度是社会保障体系中最重要的项目，是社会保障的核心，具有强制性、保障性、福利性和互济性。

（二）职业管理制度

1. 国家公务员制度

国家公务员制度，是指党和国家对国家公务员进行管理的有关法律、法规、政策等的统称或总称。其中包括《国家公务员暂行条例》和录用、考核、奖励、纪律、职务升降、培训、交流、回避、工资、保险、福利、辞职辞退、退休、申诉、控告等单项制度及实施办法、实施细则等，实施公务员制度是干部人事制度的重大改革，对于我国社会主义市场经济体制和民主与法制建设等，都具有重要而深远的意义。

国家公务员制度管理的对象是国家行政机关中除工勤人员以外的工作人员，既包括各级政府的组成人员，也包括在行政机关中从事党务、社团事务管理的专职工作人员。《中华人民共和国公务员法》是公务员制度法律化、正规化和标准化建设的依据。

国家公务员制度的建立，使我国政府机关的人事制度由计划经济下的管理模式转到与社会主义市场经济体制相适应的轨道上来。国家公务员制度的建立改革了计划经济体制下"大一统"的干部管理体制，使行使国家行政权力、从事行政管理活动的政府工作人员，从干部队伍中分离出来，形成符合政府机关特点的管理制度；改革了单靠"推荐""领导考察"等"伯乐相马"的传统选拔人才方式，建立起符合市场经济要求，体现公开、平等、竞争、择优原则的用人环境和人员能进能出的管理机制，有利于各类人才脱颖而出和充分发挥作用，从而促进经济体制改革和社会主义市场经济体制的建设。建立国家公务员制度，有利于造就出适应现代化建设需要的，精干、高效的政府机关工作人员队伍，形成强有力的政府工作系统，为现代化建设提供有效的组织保证。

2. 职业资格证书制度与就业准入制度

中国实行了职业资格证书制度和就业准入制度，这是规范中国劳动就业市场，保证从业人员质量，促进中国职业教育发展的两项重要制度。

（1）职业资格证书制度

这是指按照国家制定的职业标准或任职资格条件，通过政府认定的鉴定评价机构对劳动者的技能水平或职业资格进行客观公正、科学规范的评价和鉴定，对合格者授予相应的国家职业资格证书。

职业资格是对从事某一职业所必备的学识、技术和能力的基本要求。根据人力资源和社会保障部过去颁发的《职业资格证书规定》的有关精神，我国今后从业人员的职业资格分为从业资格和执业资格两种。从业资格是指从事某一职业（专业）的学识、技术和能力的起点标准，即从事某种职业的起点资格、起点水平，通过学历认定或考试取得。执业资格是指政府对某些责任较大、社会通用性强、关系公共利益的职业（专业）实行准入控制，是依法独立开业和从事某一特定职业（专业）的学识、技术和能力的必备标准，执业资格通过考试取得。从业资格和执业资格同属于职业资格，反映了职业资格含义的不同层次。获得从业资格只证明已达到从事某种职业所需掌握知识、技能的最低要求，而获得执业资格则反映其专业知识技能水平已达到执业的必备标准。例如，会计证是从业资格证书；执业医师证书、注册会计师证书属于能独立开业的执业资格证书。

与学历文凭证书不同，职业资格证书与某一职业能力的具体要求密切结合，反映特定职业的实际工作标准和规范，以及劳动者从事这种职业所达到的实际能力水平，所以它是劳动者求职、任职、独立开业的资格凭证，是用人单位招聘、录用劳动者的主要依据，也是境外就业、对外劳务合作人员办理技能水平公证的有效证件。目前，越来越多的单位在招聘时开始注重求职者有无职业资格证书，如会计和电算化证、统计证、驾驶证、厨师证、电工证等。我国将在许多专业领域实施职业资格制度，并逐步实现同世界各国的资格互认。

（2）就业准入制度

这是国家职业资格证书制度的主要内容。所谓就业准入，是指根据《中华人民共和国劳动法》和《中华人民共和国职业教育法》的有关规定，对从事技术复杂、通用性广，涉及国家财产、人民生命安全和消费者利益的职业的劳动者，必须经过培训并取得职业资格证书后，方可就业上岗。

用人单位招录职工必须严格执行“先培训，后就业”“先培训，后上岗”的规定，对取得职业学校学历证书、职业资格证书和职业培训合格证书的人员优先录用。要进一步完善涉及人民生命财产安全的相关职业的准入办法。劳动保障、人事、工商等部门要加大对就业准入制度执行情况的监察力度。对违反规定、随意招录未经职业教育或培训人员的用人单位给予处罚，并责令其限期对相关人员进行培训。

由于各种原因，某些行业不能很好地实行就业准入制度，使职业资格证书制度受到冲击，这不仅直接影响了职业院校及培训机构的生源，阻碍了职业教育的发展，更严重的是技术工种从业人员的素质得不到保证。国家制定职业资格证书和劳动准入制度的一个基本出发点和落脚点，就是加快促进劳动者改善素质结构和提高素质水平，进而促进劳动者就业和再就业能力的提高。不少农民工说，有证没证都一样，学它干什么？事实上并非如此。近年来，职业院校高度重视学生职业能力的培养和训练，使学生适应职业岗位的要求。实践证明，凡是经过必要的职业培训，具备劳动力市场需要的职业技能的劳动者，在竞争就业中就会处于优势地位，即使下岗失业也能在短期内通过自己的努力实现再就业。相反，则会处于不利地位。因此，必须通过严格执行就业准入制度，促进劳动者主动提高自身的技术业务素质，实现劳动力资源合理开发和配置，并使其纳入良性发展轨道。

3. 劳动合同制度

中国的劳动合同制度从20世纪80年代中期开始试点，在20世纪90年代得到大力推行，至今已在城镇各类企业中广泛实施。中国的法律规定，用人单位与劳动者依法建立劳动关系，应该书面订立有固定期限、无固定期限或以完成一定的工作为期限的劳动合同；在订立劳动合同过程中，劳动关系双方必须遵循平等自愿协商一致的原则。实行劳动合同制度，明确了劳动者与用人单位双方的权利和义务，保障了劳动者择业自主权和用人单位的用人自主权。

（1）劳动合同的内容

劳动合同是劳动者与用人单位经过平等协商后达成的关于责任、权利和义务的条款。中国的劳动合同一般包括当事人名称（姓名）和地址、合同期限、试用期限、职务、工作时间、劳动报酬、劳动纪律、工作待遇、教育与培训、劳动合同的变更、劳动合同的解除、违约责任、其他事项（如住房问题、特殊困难）、纠纷处理（劳动争议）。而这些内容又可以分为两个部分来理解。第一部分是双方当事人自己订的条件，它包括必要劳动条件和补充条件，只要不与国家法律相抵触，完全可以由双方协商决定；第二部分是按照法律法规执行的条件，具有普通的适用性和强制性。

（2）劳动合同的性质

劳动合同具有法律意义的性质，是劳动者与用人单位依法确立劳动关系的协议，是实现劳动权利和招用人员的法律形式。但它还具有社会性质，因为它还是用人单位招用和组织使用劳动力的手段，其社会经济地位在不同性质的国家是有差别的。在资本主义制度下，生产资料归资本家私人占有，因而劳动者与资本家订立的劳动合同是一种劳动力买卖契约，它反映的是剥削与被剥削的劳动关系。而我国实行的是社会主义制度，实行了生产资料公有制和建立了社会主义市场经济体制，铲除了产生剥削的经济基础。

（3）劳动合同的特征

劳动合同的双方必须是劳动者本人和用人单位；劳动合同双方当事人法律地位平等，但从组织管理上看，又具有隶属关系；劳动合同有约定的试用期，一般为3~6个月；劳动合同在一定条件下，往往还涉及第三人的利益。

劳动合同必须依法定程序订立。订立劳动合同的法定程序主要是签订劳动合同书和鉴证劳动合同书。所谓签订，就是订立条约或合同并签字，表示对条约或合同负责。鉴证，就是审查，也就是劳动者与用人关系签订的劳动合同书，要送交劳动行政部门进行鉴证。经过鉴证的劳动合同生效后，就具有了法律约束力，双方均不能毁约。如有一方毁约，要受到劳动仲裁机构的处理。

（4）劳动合同制度的意义

我国的劳动合同制度是市场经济条件下用人单位和劳动者确立劳动关系的法律制度。劳动者与用人单位通过签订劳动合同确立劳动关系，明确双方的权利和义务，是建立和完善社会主义市场经济体制的要求。

经过多年的实践，我国的劳动合同制度基本建立，为培育和发展劳动力市场，建立统一、开放、公正和规范的劳动力市场运行机制创造了有利条件；依法规范了企业的劳动用工行为，提高了劳动者的生产积极性，加强了劳动管理；维护了劳动者和企业的合法权益，增强了劳动者通过劳动合同来维护自身合法权益的意识，促进了经济发展和社会进步。

4. 市场就业制度

随着我国社会主义市场经济体制的逐步建立和不断完善，我国就业制度进行了相应的改革，打破了原来计划体制下单一的统包统配的就业模式。要建立和完善市场就业机制，实行在国家政策指导下劳动者自主择业、市场调节就业和政府促进就业的方针，要按照科学化、规范化、现代化的要求，大力加强劳动力市场建设。

高校毕业生就业形势的严峻性和就业制度改革的深入发展，促使国家确立了“市场导向，政府调控，学校推荐，毕业生与用人单位双向选择”的就业基本制度。毕业生就业制度的改革是21世纪高等教育改革的重要组成部分。对高等学校来说，就是要把人才培养和合理使用结合起来，增强学校面向社会自主办学的能力，促使教育适应经济建设和社会发展的需要；对学生来说，有利于形成激励机制和竞争机制，提高学习的积极性和互动性；对用人单位来说，有利于促进其尊重知识、尊重人才。

5. 人事代理制度

人事代理是指在人才合理流动中，个人的人事关系由人才中心代理，个人与用人单位只有劳动用工合同关系。它赋予了个人与用人单位更多的灵活选择权，促进了人才的合理流动，有利于人才资源的合理配置，是与社会主义市场经济体制相配套的新型人事管理方式，也是毕业生在择业和就业中的一个选择。

人事代理制度是指由政府人事部门和毕业生就业工作主管部门所属的人才指导服务机构，按照国家有关人事政策法规要求，接受用人单位或个人委托，在其服务项目范围内，为多种所有制经济尤其是非公有制经济单位及各类人才提供系列的、全方位的人事管理服务，是实现人员使用与人事关系管理分离的一项人事改革新举措。

人事代理可由单位委托，也可由个人委托。可单项委托，如只委托人才服务机构管理人事档案或代为招聘；也可多项委托，如可将人事关系、工资关系、人事档案、养老保险等多项事务一起委托人才服务机构管理。

人事代理的对象分为两类，即用人单位和劳动者个人。不管用人单位是何种性质，只要有需求并和人才服务机构签订了代理协议就可成为人事代理的对象。人事代理可提供服务的个人对象主要包括下列人员：三资、乡镇、街道、民营、私营企业聘用的专业技术和管理人员；到非公有制单位工作、自谋职业和到外地应聘的大学毕业生；整体改制为非国有单位的原国有企事业单位的员工；党政机关、企事业单位辞职、辞退、解聘人员；事业单位改革实行聘用制的人员；灵活就业和自由职业者；外国驻当地机构的中方雇员和外地驻当地办事机构的工作人员；出国留学及学成回国工作的人员；自谋职业的转业、退伍军人；其他各类流动人员。

第三节　社会职业的进入

一、职业评价

职业评价反映人们对职业的主观认识态度，通常以公众尺度和自评尺度两种方式来体现。公众尺度所反映的是不同背景的公众对职业的等级排列次序；自评尺度所反映的是个体对职业的等级排列次序。二者之间相互联系、相互影响。因为专业与职业是相互联系的，所以大学生对专业的评价和对职业的评价也是相互联系的。对职业的评价直接影响到职业的选择和就业后职业的流动。

（一）职业评价的相关理论

功能主义者认为，职业地位的差别是社会正常运行不可避免的，社会的正常运行，需要各行各业的劳动者共同正常发挥功能。但是，不同的职业对于任职者的要求也不一样，有的职业与人打交道多，有的职业与人打交道少；有的职业风险大，有的职业风险小；有的职业要求智力水平高，有的职业要求体力强；有的职业因技术要求较高故适应的人少，有的职业绝大多数人都可以胜任；等等。由于职业的差别出现了劳动报酬、荣誉等方面的差别，这就需要有一种社会机制去激励人们进行职业竞争。否则人们就不会进行更多的教育投资，不愿付出更多的努力，不愿承担更大的责任。

冲突论认为，在现代社会中，各种职业是相互依赖的，缺少谁都不行，清洁工的工作与医生的工作一样重要。职业地位的高低是职业垄断和社会冲突的结果，是职业特权的表现。

当然，解释职业地位的理论不仅仅是以上两种，就以上两种观点来看，它们有共同之处，但也有较大的分歧。我们这里不是想弄清职业地位的理论解释，而是旨在讨论针对职业地位的现实存在，如何来实施评价。

职业地位通常有两种方式来确定：①研究者根据某一因素来确定职业地位等级；②通过职业声望调查来确定职业地位等级。有时也通过职业声望来验证研究者依据某一因素而确定的职业地位。

（二）职业声望和职业地位的评价因素

职业声望是职业地位在人们头脑中的主观反映，反映了一定时期内人们对职业的态度。研究者一般选取具有代表性的公众和具有代表性的职业，通过调查数据来排列职业声望、反映职业地位。大学生的职业声望一般受社会职业声望的影响，但对个体来说也有各自的态度，反映的是对诸如权利、工资、晋升机会、发展前景、工作条件等职业地位资源状况的主观判断。值得正视和关注的问题是，大学生往往以某个单一因素作为判断的依据，这就容易发生偏离。一般来说，决定职业地位高低的因素主要有四项。

1. **职业社会功能**

职业社会功能是指一定的职业对社会的作用，它由责任、权利、义务体现出来。社会功能大的职业，任职条件高，职业层级就高。

职业具有以下社会功能：①职业的存在和职业活动构成了人类社会的存在和社会活动；②职业劳动创造出社会财富，从而为社会的存在和发展奠定物质基础；③职业的分工是构成社会经济制度运行的主体；④职业是维持社会稳定，实现社会控制的手段；⑤职业的运动如职业结构的变化、职业层次间的矛盾的解决是推动社会进步的一种动力。

2. **职业社会报酬**

职业社会报酬是指任职者的工资收入、福利待遇、晋升机会、发展前景等，这是一个比较综合的指标。譬如，工资收入高，并不一定福利待遇高，也不一定晋升机会就多，发展前景就好。

3. **职业自然条件**

职业自然条件是指与职业活动相关的自然工作条件，如技术装备、劳动强度、安全系数、卫生条件等。职业自然条件好，职业社会层级也就高。

4. **职业要求**

职业要求是指一定的职业对任职者各项素质的要求。对人要求越高，被人替代的可能性就越小，职业社会层级也越高。

职业声望是以上四项因素的综合反映和综合作用的结果，任何单项因素都不能全面地反映职业声望的状况。有的职业从业者经济收入高，但社会地位并不高，如个体工商业者。

二、职业信息的获取

职业信息是指与职业相关的所有信息的统称，包括宏观信息和微观信息。职业信息是相对就业信息而言的，是对某种职业的各方面的特征的描述，是指对一个职业有关内在的分析，主要包括职业名称和代码、职业定义、主要工作内容、职业概况、职业声望、职业环境、职业报酬以及胜任这个职业应具备的职业素质等方面的信息。这些都是进行职业规划的外在重要依据，也是进行职业决策的前提和准备。而就业信息不同于职业信息，是特指与就业相关的信息和情况，包括就业决策、就业制度、就业岗位需求情况等。狭义的就业信息是指岗位需求和招聘信息。

职业信息的数量和质量对于大学生的职业选择与决策来说具有非常重要的意义。了解一些有关职业的基本信息，对大学生将来择业、就业乃至创业都非常重要。获取职业信息的方式可以分为两大类：一类是间接信息，这些信息存在于各种媒体中，可以通过各种媒体来获得；另一类是直接信息，就是通过直接与该职业建立关系，亲身感受，获得第一手资料。

（一）间接信息的获取

我们生活在信息化社会，在这样一个信息爆炸的时代，每时每刻都有数不清的信息被更新发布。大学生在寻找职业信息时，首先需要将所需要的职业信息从信息海洋中挑选出来。搜集职业信息可以通过以下渠道。

1. 官方出版物

我国最权威的职业信息当属《中华人民共和国职业分类大典》（以下简称《分类大典》）。《分类大典》中对每个职业内容的介绍包括职业编码、职业名称、职业定义、职业描述及归入本职业的工种名称与编码等。查阅《分类大典》不仅有助于大学生了解职业产生的背景，而且还可以了解到当代社会所缺少和需求的职业。对于大学生来说，新职业发布制度无疑是一个有效且及时了解职业信息的渠道。

2. 传记和杂志

传记是职业信息的重要来源。许多职业中的优秀人物都有自传，如政治家、艺术家、科学家、企业家、记者、电影导演、演员、主持人、建筑师、运动员等。除了个人自传外，某人或者某个组织的传记也是很好的职业信息来源。

阅读和职业相关的科普杂志或者学术期刊也是很好地收集职业信息的途径。《电子工程师》《网管员世界》《程序员》《服装设计师》《中国金融家》《中国大学生就业》《人力资源开发与管理》《中国企业家》《大众心理学》《连锁与特许：管理工程师》《科技创业月刊》《审计月刊》等杂志可以带来非常多的行业的工作信息。

杂志和报纸不仅能够提供行业信息，同时还能提供各地劳动力市场的信息。各种报纸包含着大量的当地劳动力市场上各行各业的情况。倘若要了解某地某行业的发展前景，可以选择 1~2 种该地该行业的报纸或杂志，将一段时间内的这些资料集中起来进行研究，从中会得到很有价值的信息。

在目前官方职业信息还不够全面、丰富的情况下，通过近万种全国发行的报刊来收集职业信息，应当是一种非常有效的办法。报刊更新速度快，能够跟上社会发展的步伐。更重要的是，它的信息要比网络信息更准确、更值得信任。

3. 视听资料

包括电影、录像以及各类有关的电视节目在内的视听资料也能提供很多职业信息。各种职业技术培训使用的录像、光盘能提供大量职业相关内容，并且这些资料在书店或者网络上都能很方便地买到。

在电视节目方面，诸如“职来职往”“非你莫属”等节目都是直接针对职业信息创办的栏目。“劳动·就业”栏目是直接针对职业发展创办的节目。除了这些专题的栏目外，还有很多地方电视节目也能提供某类职业的具体信息。表现许多英雄人物形象以及企业家、创业成功人士、教师、服装设计师、广告设计师、销售员、房地产开发商、心理咨询员、消防员、警察、医生等职业的电影、电视剧比比皆是，尽管带有艺术的夸张性，但可能正是这种夸张，突出了那份职业的核心特征及其所需求的人格特征，让我们对该职业有了更深刻的理解。

4. 互联网

在当今网络四通八达的时代，职业信息的传播同样离不开网络。越来越多的职业信息出现在互联网上。在国内，越来越多的网站开始提供丰富的职业信息内容，如中华英才网、中国高校毕业生就业服务信息网以及各省（市、区）毕业生就业主管和服务部门的就业网站等。大学生可以有效地利用互联网资源，查找与目标职业相关的宏观与微观信息，为自己的职业规划提供支持。

5. 招聘会

招聘会有两种，一种是大型的面向社会的招聘会，另一种是针对在校毕业生的校园招聘会。毕业生在大四应该勤快地参与各类招聘会，尤其是校园招聘会，以便对求职市场有清晰的了解。而且这种校园的供需见面会一般都是由学校和相关单位联系后在校园举办的，信息的准确性和实用性非常强，因此通过校园招聘会找到一份工作的现实可行性是显而易见的。

6. 社会关系

社会关系是指毕业生自己及家庭的人际网络，包括亲戚、朋友、同学、老师等一切认识的人。由于每个人的社会活动圈子不一，所以通过社会关系获得的职业信息也不能一概而论。但是一般情况下，通过各类社会关系所反馈的职业信息是质量较高且较为可靠的。

此外，同学、亲朋好友、老师都是你身边较为关心你、熟悉你的人，他们所提供的职业信息针对性往往也比较强。因此毕业生要做的就是把你需要一份工作的信息向你周围的人传递，通过社会关系网找到一份好的、满意的工作，这在中国这个人情社会当中还是比较常见的，毕业生不能忽略这种渠道职业信息的获取。

7. 人才中介服务机构、职业咨询公司

全国县级以上的地方都设有国家设置的人才服务机构，具体包括各级人才交流中心、人才服务中心、各类劳务市场等。这类机构一般适合毕业生获取自己所需的背景信息。

（二）直接信息的获取

1. 生涯人物访谈

生涯人物访谈指的是选择一位正在或曾在某个领域中工作的成功从业人士（可以是校友），通过与其沟通，获得该行业的工作内容、典型问题、行业发展、薪水待遇、晋升的途径、能力要求、对生活的影响、个人感受等方面的情况。通过和这些职场人士的交流，可以获得那些在书刊、网络上无法获得的信息。

为了在有限的访谈时间内尽可能地获取更多信息，在访谈之前我们必须事先做好准备。首先要了解这个行业的基本信息，其次要了解访谈对象的基本概况。在此基础上把你想问的问题整理出来列成访谈提纲。

2. 实习、见习

实践是最直接也是最有效的方法，通过实践可以了解具体行业和职业中的酸甜苦辣。实习、见习以及参加志愿者活动都是很好的实践方法。通过一段时间亲身参与到工作中去，可以更深入地了解该行业的特性。大学生通过亲自实践可以对工作内环境、上级的管理方式有更为深入的了解。

在实习、见习过程中，一方面大学生可以发现在学校学习内容中所欠缺的知识、技能，这样就有时间让自己及早行动，为以后正式的求职做好准备；另一方面如果在实习过程中发现这份工作并不如我们所想象得那么适合自己，也可以及早寻找适合自己个性并符合自己兴趣的工作。

三、社会职业进入途径

（一）市场应聘就业

就业市场是由人力资源供给、人力资源需求和供需双方的交换三个方面构成的。就业市场是随着我国社会主义市场经济体制的建立和不断完善，而与之相适应逐步建立和发展起来的，通过市场调节作用实现毕业生资源的合理配置已成为毕业生就业的主要方式。目前，大学毕业生择业、就业主要是通过人力资源市场（含毕业生校园就业市场、人才市场、劳动力市场三大市场）应聘实现的。其中，高校毕业生校园就业市场是毕业生求职、应聘、就业的主渠道，其主要形式是高校和政府主管部门举办的各种类别的招聘活动。

（二）考试录用

考试录用是用人单位招聘毕业生的一种重要方式，同时也是大学毕业生就业的一条重要途径。目前，不仅国家机关考录公务员、事业单位选用工作人员采用考试录用的形式，很多公司、企业等单位在选聘人才时也都开始采取考试的方式。考试包括笔试和面试。笔试主要考核毕业生的文字能力、综合分析能力和知识掌握水平，分为专业知识考试、心理测试、命题写作、综合考试等类型。面试主要了解应试毕业生的素质特征、能力状况、求职动机、形象气质等是否满足特定的岗位需要。

（三）项目就业

近年来，为促进我国经济欠发达地区的经济发展和社会进步，发挥政府的宏观调控作用，促进青年人才的合理流动，同时为了引导和鼓励大学生到基层，到西部，到祖国和人民最需要的地方建功立业，国家和地方政府都制定并实施了一系列基层就业服务项目，如大学生志愿服务西部计划、“三支一扶”计划、大学生志愿服务辽西北计划、各个地方出台的“村官计划”等。这些项目的实施不但促进了大学毕业生的充分就业，而且为他们的成长、成才和事业发展创造了条件。

（四）自主创业

所谓自主创业，是指劳动者主要依靠自己的资本、资源、信息、技术、经验以及其他因素自己创办实业，解决就业问题。

自主创业是近年来大学毕业生一种新的就业途径。大学毕业生在毕业后不是向社会“寻求”工作，而是为体现自我价值、减轻社会就业负担，通过科技创新、社会服务或发挥某一方面的特长，利用所学的知识，自己或与他人合作创办公司。这不仅可以解决自身的就业问题，还可以为他人创造就业机会。国家和地方政府都在积极支持和鼓励大学生自主创业，现已出台了一系列的扶持政策，为大学毕业生的自主创业创造了条件。大学毕业生作为具有较高学历的特殊群体，不但掌握更为精深的专业知识，而且往往具有较好的综合素质，较强的研究、管理能力和一定的实践经历与经验，创新意识与创新精神也更为突出。这些都决定了大学毕业生具有将科技成果转化为现实生产力的有利条件。如果能够认真分析自身的情况，紧紧抓住全球经济一体化和以信息技术为代表的知识经济带来的大好机遇，开创自己的一番事业，无疑是大学毕业生实现就业和获得发展的一条可行之路。

（五）灵活就业

灵活就业是指在劳动时间、收入报酬、工作场地、保险福利、劳动关系等方面不同于建立在工业化和现代企业制度基础上的传统主流就业方式的各种就业形式的总称。随着社会发展和分工的细化，职业模式日益灵活多样，就业涵盖的领域日趋广泛。既有在劳动标准方面、生产的组织和管理方面以及就业稳定性方面有别于正式职工的各类灵活就业人员，如临时工、季节工、承包工、劳务工、小时工等；又有由于科技和新兴产业的发展、现代企业组织管理和经营方式的变革引起就业方式的变革而产生的非全日制就业、阶段性就业、远程就业、兼职就业人员，如产品直销员、保险推销员等；还有个体经营和合伙经营者、自雇型人员者；律师、作家、自由撰稿人、中介服务工作者等自由职业者和独立服务型就业者；等等。这些职业自由度大，限制少，既满足了社会的需要，又在很大程度上符合大学生的就业需求。

（六）出国深造或到境外企业去工作

随着经济全球化进程的加速和中国加入 WTO，一方面，众多的国外知名企业开始到中国创办企业，抢占市场份额；另一方面，发达国家各大高等学府也纷纷抛出橄榄枝，吸引中国学生，人才的竞争日趋激烈并逐步呈现出国际化的新特点。更多的大学毕业生开始有机会到国外院校继续读书深造，也有为数不多的毕业生选择参与国际人才的竞争，到外资企业或境外企业工作。

思考题

1. 社会职业的发展趋势体现在哪些方面？
2. 社会选才的通行标准有哪些？
3. 职业信息获取的方式有哪些？
4. 社会职业进入的途径有哪些？

第四章　职业能力提升

单元导读

大学生所面临的压力和承担的责任与义务，比高中生大。他们不仅要学习专业课程，而且要参加社会实践，为未来就业做准备，在自己感兴趣的领域有所建树。他们必须提升职业素养，职业素养是在个人的世界观、人生观和具有的专业知识、技能的基础上，涵盖职业道德、职业安全、职业形象、职业能力、职业审美等诸多方面的观念、意识、知识、技术，以及相关的作风和行为习惯。大学生要树立敬业、诚信、友善、爱国的信念，明白良好的职业素养是实现个人职业理想、为人民服务的保障。

学习目标

1. 了解职业能力的结构以及培养职业能力的方法。
2. 认识团队合作、有效沟通、时间管理的重要性。
3. 强化职业意识，巩固和完善职业理想，形成正确的职业发展观、成才观。
4. 增强提高职业素养和职业能力的自觉性，目标明确地进行强化训练，积极做好适应社会、融入社会和就业、创业的准备。

第一节　职业能力

一、职业能力概述

职业能力是人们从事某种职业的多种能力的综合，高水平的职业能力有利于人们更好地适应自身所从事的职业，提高工作效率，优化自身的职业生涯。职业能力结构基于素质模型，分为专业能力和通用能力。

（一）职业能力的含义

职业能力是个体将所学的知识、技能和态度在特定的职业活动或情境中进行类化迁移与整合所形成的能完成一定职业任务的能力。

能力是指能迅速和准确地完成某种活动所必须具备的个性心理特征，它是影响活动效果的基本要素。如果一个人的能力符合某项活动的要求，那么就会很容易地、高水平地完成任务，也就表现出有能力。每个人都需要对自己的能力有所了解，只有知道自己的优势和不足，才能在工作中更好地扬长避短，发挥最大的价值。

（二）能力的层级

能力只有从能力的结果表现才可以看出来。如果一个人没有外显的行为特征，别人是无法发现他的能力究竟是何种类型，达到了何种水平的。能力分为外显能力和内隐能力。

外显能力包括基本知识、基本技能，是外在表现，类似于冰山露在海面上的部分。这部分是对职业从业人员基础素质的要求。知识和技能可以通过有针对性的培训习得。内隐能力包括社会角色、自我形象、特质和动机等，是人内在的、难以测量的部分。一个人的外显能力即所掌握的知识和技能，取决于他的内隐能力。两个人可能具有相同水平的知识和技能，但由于内在的自我概念、成就动机等特质不同，在后续的职业发展中就有了巨大的差异。例如，大学入学时大家掌握的知识、技能差不多，但在大学毕业时却有了巨大的差异，优秀的学生能够根据自己的意愿，去自己理想的学校继续深造或从事自己喜欢的工作，但发展不理想的学生可能连正常毕业都做不到。一个人内在的、外表不容易发现的特征是决定其未来长远发展更重要的能力。

能力分为六个层次，包括知识、技能、社会角色、自我概念、性格特质和动机。①知识是指个人在某一特定领域拥有的事实型与经验型信息。②技能是指通过练习能够结构化地运用知识获得的动作方式和动作系统，有时表现为心智活动方式，称为心智技能；有时表现为操作活动方式，称为操作技能。③社会角色是指一个人基于态度和价值观的行为方式与风格，例如是积极进取的还是保守固执的。一个积极进取的人会更积极主动地学习知识、掌握技能，从而有更好的职业表现。社会角色是由自我概念所决定的，一个人和社会互动的风格在很大程度上取决于他怎么看待自己。④自我概念是指一个人的态度、价值观和自我印象，就是他怎么看待自己，他在自己心中是一个什么形象的人。自我概念受到性格特质的影响，一个人怎么看待自己与长期以来形成的、稳定的性格特征有关。⑤性格特质是指个性、身体特征对环境和各种信息所表现出来的持续稳定的反应模式，受到遗传和环境的交互影响，是相对稳定的、不会轻易发生变化的个人特点。⑥动机（需要）是指在一个特定领域的、个体持续而稳定的需求。它们将驱动、引导和决定一个人的外在行动。

知识与技能大部分与工作所要求的直接资质相关，能够在较短的时间内使用一定的手段进行测量。可以通过资质证书、考试、面谈、简历等具体形式来测量，也可以通过培训、锻炼等办法来提高这些素质。

社会角色、自我概念、性格特质和动机这四个方面往往很难度量和准确表述，又很少与工作内容直接关联。只有主观能动性变化影响工作时，这四个方面对工作的影响才会体现出来。

六个层级能力的模型就是"冰山模型"，"冰山模型"把个体能力描述为漂浮在海洋面上的冰山，将能力的不同表现划分为表面可见的"冰山以上部分"和深藏的"冰山以下部分"。根据冰山素质原理，个人能力在冰层以下的部分才是影响其行为的主要因素，如果没有良好的求职动机、品质、价值观等相关素质的支撑，能力越强、知识越全面，对组织的负面影响会越大。

了解能力层次对大学生有重要的意义。一方面，大学生理解知识和技能只是整体能力的外在表现，一个人应当从培育积极的、强烈的动机开始培养自己，完善自己的性格特质和自我概念，这样才有积极正向的社会角色，然后才有持续学习知识、获得技能的源源不断的动力。另一方面，在就业过程中，申请职位之前，对自己有一个准确的定位，有利于选择合适的职位；在面试之前，弄清自己各素质层级的状况，能更好应对面试官的各种提问。

二、职业能力的分类

（一）职业能力的构成

本部分将对能力尤其是外显的能力进行分类。不同的职业对其从业人员的能力要求不尽相同。销售人员侧重于沟通和表达，航空器维修人员则要求具有高超的专业技术能力，有些能力又是所有职业都必须具备的。职业能力结构就是在素质模型的基础上，结合职业特征，归纳不同职业的共同规律，总结而成的所有职业所需能力的普遍结构模型。

1. 专业能力

专业能力是指从事具体的职业活动所需要的特定技能及与其相对应的知识，包括单项技能与知识和综合技能与知识。它是劳动者胜任职业工作、赖以生存的核心本领，是基本的生存能力。对专业能力的要求是具有合理的知识与能力结构，强调专业的应用性、针对性。高级的专业能力还指对新技术的理解力、职业的适应性、合理化建议、过程优化、质量意识、安全意识、经济意识、时间意识等。

2. 通用能力

通用能力包括方法能力和社会能力。方法能力是指具备从事职业活动所需要的工作方法和学习方法，包括制定工作计划的步骤、解决实际问题的思路、独立学习新技术的方法、评估工作结果的方式等。方法能力是基本发展能力，对方法能力的要求是具有科学的思维模式，强调方法的逻辑性、合理性。更高层次的方法能力还包括分析与综合，全局与系统思维，整体与创新思维，决策、迁移，信息的截取、评价和传递，目标辨识与定位，联想与创造力等。比较核心的方法能力主要包括批判性思维和信息能力。

社会能力是指具备从事职业活动所需要的行为能力，包括人际交往、公共关系、职业道德、环境意识。例如与同龄人相处的能力、在小组工作中的合作能力、交流与协商的能力、批评与自我批评的能力以及认真、细心、诚实、可靠等。社会能力既是基本生存能力，又是基本发展能力，对社会能力的要求是具有积极的人生态度，强调对社会的适应性、行为的规范性。进一步发展后的社会能力还指社会责任感、群体工作的协调与仲裁、宽容、心理承受力、参与意识、自信心、成功欲、积极性、主动性、灵活性、语言及文字表达能力等。比较核心的社会能力主要包括沟通能力以及领导与合作能力。

（二）不同类型职业的职业能力结构

不同类型职业对职业能力的构成要求不尽相同。有一些职业专业性比较强，不是该领域的人可能完全无法胜任该工作，这种类型的职业对个人专业能力的要求比较高。例如医生、律师、精算师、建筑师等，就要求应聘者具有较强的专业素养，对通用能力的要求反而比较低。而专业性比较弱的职业，例如销售、管理、策划等，对专业能力的要求比较少，更倾向于拥有较高的通用能力，这些职业在工作中对人际交流能力的需求比较大，而且更需要具备制定工作计划以及解决实际问题的能力。

对职业进行粗略的分类，可将其分为实用型、研究型、艺术型、社会型、企业型和事务型六种不同类型，下面分别对其职业人员的职业能力要求进行分析。

1. 实用型职业

实用型职业主要是指工业、建筑业、手工业等行业中的职业，如园艺师、木匠、汽车修理工、工程师、兽医等。实用型职业属于专业性较强的职业，它要求其从业人员在牢固掌握专业知识的基础上，对相近专业的知识比较了解，并有较好的计算机应用能力、语言表达能力和理论应用实际的能力；要求从业人员使用手工或机械技能对物体、工具、机器、动物等进行操作，与“事物”工作的能力比与“人”打交道的能力更为重要；要求从业人员有不辞劳苦、艰苦奋斗的创业精神和严肃认真、一丝不苟的求实工作态度。

2. 研究型职业

研究型职业属于专业性较强的工作，主要是指科研人员等，如实验室工作人员、生物学家、化学家、心理学家、工程设计师、大学教授等。在职业能力中，对专业能力的要求较高。它是一种创造性劳动，因此，要求从业人员具备以创造力为核心的知识结构；具备分析研究问题、运用复杂和抽象的思维创造性地解决问题的能力；谨慎缜密，能运用智慧独立工作；具备一定的写作能力。

3. 艺术型职业

艺术型职业主要是指作家、编辑、服装设计师、音乐家、舞蹈家、摄影家、书画家、雕刻家、广告设计师、室内装潢设计师等。艺术型职业在知识和能力方面对从业人员的要求是：能博采众长和广泛涉猎；具备创造力和对情感的表现能力，以非传统的方式来表现自己；具有敏锐的观察力、丰富的想象力、坚强的毅力、得天独厚的艺术天赋、不断的创新精神。

4. 社会型职业

社会型职业包括教育人、救死扶伤、提供公共服务、协调人际关系、为人们提供生活便利的工作，如教师、护士、社区工作者、咨询师、城市市场管理者、广播电视工作者等社会公共服务人员。社会型职业的分类中包含的职业比较丰富，是一个既需要较强的专业知识，又要求具有较高的通用能力的职业类型，具体的要求因不同职业而异。其共同点在于应该具备广泛的知识面和职业要求的专业知识，如教导技能、医治技能、帮助他人技能；还需要有一定的理解能力、社会交往能力、组织协调能力、自身形象设计能力和文字表达能力等，具有对他人表现出精神上的关爱和愿意担负社会责任的精神。

5. 企业型职业

企业型职业主要是指律师、国家机关领导人员、政治运动领袖、营销商、市场部经理、电视制片人、保险代理等。这种类型的职业比较重视通用能力，同时强调专业能力：忠于贯彻国家的方针政策并能灵活运用，有高度的公众意识；具备坚实的管理专业理论和实际知识，同时具有较广博的自然知识和社会知识；具备一定的领导、组织协调能力和社会才能，以及中外语言文字表达能力；具有说服他人或支配他人的能力，敢于承担风险，以目标为导向；具有健康的身体和充沛的精力，以应对千头万绪和千变万化的工作。

6. 事务型职业

事务型职业的主要工作内容是与组织机构内部日常的制度性、规范性、信息传播等有关的事务处理，如打字员、档案管理员、办事员、秘书、图书管理员、法院书记员、会计师、税务员和计算机操作员等。事务型职业也可归为专业性较强的职业，但其专业能力相对于研究型而言比较容易上手。它在知识方面侧重基础文化知识，要求对职业技术的专业知识有较具体的了解，要具备统计、档案管理知识，熟悉专门法规和规章条例，一些涉外单位对外语水平也有较高的要求。在通用能力方面，则要求具有较高的社交能力、语言表达能力和文书技巧、组织能力，以及听取并遵从指示的能力，能够按时完成工作并达到严格的标准，有组织有计划，具备干练的办事能力等。

三、职业能力提升的方法

（一）刻意练习

研究表明，只要方法得当，任何一个人都可以被训练成任何一个领域内的高手。高手是练出来的，而且通过观察各个领域最好的训练方法的共性，科学家们总结出一套统一的练习方法，即“刻意练习”。

刻意练习的理论指出，专业级水平是逐渐练出来的，而有效进步的关键在于找到一系列的小任务，让受训者按顺序完成。这些小任务必须是受训者正好不会做，但是又正好可以学习掌握的。完成这种练习要求受训者思想高度集中，这就与那些例行公事或带有娱乐色彩的练习完全不同。

1. 在“学习区”练习

把人的知识和技能分为三个圆形区域。最内一层是“舒适区”，是已经熟练掌握的各种技能；最外一层是“恐慌区”，是暂时无法学会的技能，两者中间则是“学习区”。只有在学习区里面练习，一个人才可能进步。有效的练习任务必须精确地在受训者“学习区”内进行，具有高度的针对性。比如，你想练成一个滑冰高手，但是如果一直练习已经掌握的动作，就不会有大的提升，只有不断练习有难度的动作，让自己处在学习区，才能慢慢成为一个滑冰高手。所以，真正的练习不是为了完成运动量，练习的精髓是要持续做自己做不好但又能学会的事。

2. 大量重复的训练

不断重复是最大的秘诀，正如学英语背单词一样。现实中总有很多学英语的秘籍，你可能在大学校园里看到过很多。以快速背单词为例，要想持久记忆，需要大量重复的训练才能达到。

3. 持续有效的反馈

刻意练习时，最好有一个好的反馈者能持续给你意见，或者是自己给自己当教练。训练时，以一个旁观者的角度观察自己，每天都设定非常具体的小目标，需要对自己的错误极其敏感，并不断改进。

4. 练习时需要精神高度集中

刻意练习没有“寓教于乐”的概念。真正有效的练习必须是精神高度集中，建议你最好找一个安静的环境，图书馆、自习室都是不错的场所。现在移动互联网如此发达，一边刷着微信朋友圈，一边听英语练习听力，很难达到效果。真正的练习，每次最多1~1.5小时，每天最多4~5小时，你成为“学霸”的关键是你的单独练习，而不是一起上过的大课。

（二）不断学习新信息

通过不断学习获取新的信息，开阔自己的视野，可以拓宽“观察框架”；通过了解新的思考逻辑，掌握更多的规则，可以更新“思考路线”；通过借鉴新的观念，形成新的习惯，修正自己的“价值导向”。不论是思维能力、人际交往能力、合作能力、领导能力、信息能力，都能通过学习得到提高。网络中的信息即时性强，但可能会有点碎片化，阅读网络书籍是获得新信息的较好方法，书籍中的知识系统性较强。

（三）自我反思

反思即对自己固有的想法和曾经作出的行为和选择进行思考，从中总结经验教训。通过反思，我们得以发现自己内心世界深处隐藏的成见、假设、逻辑、规则，借此可以对其有效性加以检视。反思是批判性思维所需的必要品质之一，反思也可以让我们以开放的心灵接纳不同的意见。曾子说，“吾日三省吾身：为人谋而不忠乎？与朋友交而不信乎？传不习乎？”曾子的这种做法即是一种反思，每日对自身的行为进行评判，分析今日是否有不当的言行，进一步思考这种不当行为产生的原因就可以发现自己内心的局限。当然，我们在进行反思的时候，不应该仅仅局限于曾子所提及的这三个方面。

（四）尝试新环境

可以尝试一个新环境。旧的行为模式、思维模式都是建立在旧环境的基础之上的，换一个新环境有利于打破僵化的思想，得到新的体悟，这能为树立批判性思维创立外部条件。人们需要有意识地创造条件，让自己有在各种环境下工作、生活或旅行的经历，体会各种自然和人文景观、文化、风土人情、生活方式，获得新的知识。文艺工作者有一种工作方式叫“采风”，泛指采集一切民间的创作与风俗，在不同的环境中，接受不同的思维方式，在创作上汲取新鲜的养分，这既是“尝试新环境”的作用，也是当代文艺生生不息、蓬勃发展的动力之一。

（五）直面困境

积极地面对问题、困难与挑战，积极地分析原因，是个人学习、提升的重要契机。人在困境中往往能发现自己的不足之处，此时有针对性地进行提高训练往往比平时的努力还要有效。只有离开舒适区，才会有更快的成长，面对困境是成长的很好机会。

（六）情景规划

情景规划是指开发一系列新的情景，在某种现如今不存在的背景下思考具体问题。这种方式有利于练习者以新的视角或方式观察世界。从某种意义上讲，情景规划法的特别之处就在于它能提高练习者统筹全局的能力。

（七）深度会谈

相对于个人学习，与他人进行交流更能让自己“豁然开朗”，正如人们常讲的“听君一席话，胜读十年书”。深度会谈是指深入、高层次、高质量的沟通、倾听与共享，其目的不是探究真相，而是在沟通交流的过程中深度地发掘自己的思想，同时接受不同于自己的观点。深度会谈有利于摒弃自己的成见，悉心倾听，并通过深入的理性思考，对我们认为理所当然或顺理成章的经验、工作程序、方法或假设提出质疑，借以发现隐藏在事物背后的真正规律。

第二节 团队合作

一、团队合作的本质

（一）团队合作的概述

团队合作是指为了实现某一目标而由相互协作的个体所组成的正式群体，通过共同合作完成某件事情。通常表现为群体中个体之间密切合作、配合默契；听取相关意见，共同决策和共同协商，行动中相互联系和相互协作；在变化的环境中担任各种角色；经常评估团队的有效性和成员在团队中的作用。团队合作注重调动团队中每个成员的积极性。

（二）团队合作的主要内容

团队信息传递和反馈，跨文化的支持、理解和协调，明晰团队角色和任务，领导团队排除干扰和适时调整工作计划是团队合作的主要内容。当团队合作是出于自觉和自愿时，它必将产生一股强大而持久的力量。《吕氏春秋》中有云："万人操弓，共射一招，招无不中"，可见团结合作的力量早在秦朝就开始被利用。

（三）积极培养团队精神

对于大学生而言，在学习过程中，独立思考学习的时间比较多，但在生活、实习实践或学校社团工作中蕴含着大量团队合作的工作机会。有些人会比较积极地参与团队合作并很快领会和把握要领，但有些人在心理认知或客观环境上有某种局限，阻碍团队合作能力的发展，这通过有意识的练习是可以迅速改善的，如参加文体活动、组织或参与工作小组、组织或参与社会活动。

1. 组织或参与工作小组

针对具体工作和当前的重点问题，可以提议成立工作小组解决某个问题。如果自己能参与针对某个问题的工作小组，也是学习观察的好机会。在这样的团队中工作可以体会到：团队是有明晰的任务和目标的、团队成员是如何沟通的、团队领导的方式和效果、自己在团队中的角色、其他团队成员的角色、如何形成默契配合、发生冲突时的解决途径、团队的成长和自己的认识提高等。

2. 组织或参与社会活动

大多数人不愿意参加社会活动或公益性活动，主要是价值取向上觉得不够实际。实际上参加一定的社会活动是非常有益和健康的。对于未来职业发展而言，如果你现有的角色不能给你组织团队的机会，在社会活动中寻求这样的机会未尝不可。这对于提升视野和获取经验、扩大社交圈都有益处。在这样的团队中可以体会到：经验的新颖互补性、锻炼自己的机会、团队成员的不同背景和各自优势、团队的组织方式、共同价值观在团队中的作用等。团队精神不是一句口号，而是每个队员对于某些问题的共同价值观以及在关键问题上的一致理解与行为。

二、高效团队合作

（一）高效团队合作特征

高效团队合作具有多种特征。

1. 有清晰的共同目标

一个高效团队，首先要有明确的共同目标，这是保持团队内部平衡、迅速稳定前行的基础。任何决策和手段，以及团队中的个人，都要紧紧围绕这个共同目标而行动。一个无明确方向和领导的团队，极易崩溃于内耗之中。清晰的目标可以激励个体为实现团队目标而调整个人关注的重心。在高效团队中，成员为团队目标奉献自己的力量，他们清楚地知道团队希望自己干什么，以及成员之间如何相互协作以实现最终目标。团队的共同目标会使团队之间产生一种必然的竞争状态。也正是这种竞争状态，使团队之间形成壁垒，并强化团队成员的内部认同与协作。

2. 成员的相关技能互补

团队的高效性需要一群能力很强的成员来保证。团队成员应具备实现理想目标所必需的技能，以及相互之间良好合作的个性品质。成员之间有一些技能高度互补，可以促使任务的更好达成。这就犹如一个交响乐团，每个人各司其职，最终的结果便是奏出一曲美妙的乐曲。

3. 成员之间相互信任

成员之间相互信任是高效团队的显著特征，在高效团队中，每个成员对其他人的品行和能力都深信不疑。只是信任的建立需要一个长期的过程。

4. 团队内部有统一承诺

在高效团队中，成员会对团队表现出高度的忠诚与奉献精神。团队成员会有比较强的团队归属感，并能够彼此亲近。人生许多美好的时光是在团队中度过的，那些能够带来美好时光的团队，一定是具有较好内部承诺的团队。

5. 团队内部沟通良好

团队成员之间以他们可以清晰理解的方式传递信息，这些信息包括语言与非语言信息，这些沟通表现为成员彼此之间的积极反馈互动。

6. 成员的谈判技能

团队作为一个整体，很多时候内部分工并非如岗位职责般清晰，为此需要成员具有谈判互动技能，团队成员之间达成一种比较默契的、能够完成任务的合理分工。

7. 有团队内部、外部适当支持

团队绩效的达成，需要获得来自外部的支持，包括团队所在组织、所在集团等给予的支持；也需要内部的支持，包括使团队成员达成自组织状态的一套合乎团队特征的管理规范、评估和激励体系。

高效团队合作需要发挥成员之间的合作能力，取得“加法”甚至“乘法”的效果，最终达成产出、产能的平衡，获得产量、效率、产出率等方面的最大收益。

（二）个人团队合作能力区分

1. 一级

尊重其他团队成员，努力使自己融入团队；将个人努力与实现团队目标结合起来，完成自己在团队中的任务，以实际工作支持团队的决定，成为可靠的团队成员；为完成工作和团队成员进行非正式的讨论，在团队做决策时提出自己的建议及理由，尊重、认同上级认为是重要的事情并执行其相关决策；作为团队的一员，随时告知其他成员有关团队活动、个人行动的安排和重要的事件，共享有关信息；认识到团队成员的不同特点，并且把它们作为可以接触、学习知识与获取信息的机会。

2. 二级

根据工作需要组建小型团队，营造开放、包容和互相支持的气氛，增强集体向心力；为团队成员示范所期望的行为，并采用各种方式提高团队的士气和提高团队的工作效率。确保团队任务的及时完成；明确有碍于达成团队目标的因素，并试图排除这些障碍；鼓励团队成员参加团队讨论与团队决定，倡导团队内部的沟通和合作，以推进团队目标设定与问题解决；指导其他成员的工作，对其他团队成员的能力和贡献抱着积极的态度，用积极的口吻评价团队成员；能够利用正式或非正式的沟通渠道及现有的信息系统在团队内部进行知识和信息的交流与共享。

3. 三级

根据组织的战略目标确定团队建设的目标、规模及责任，促成全体团队成员对目标、规模及责任的理解与共识，并使其得以贯彻实施；确保团队的需要得到满足，为团队争取所需要的各种资源，如人力、物力、财力或有关信息等；确保团队成员之间的能力和知识的互补，在分配团队任务的时候，既照顾到团队成员的发展，又能实现团队的目标；化解团队中的冲突，维护和加强团队的名誉；通过团队内有效合作及适当的竞争提高团队的整体绩效。

4. 四级

具有个人魅力和领导气质，能够指出组织或团队的发展方向和目标，使团队成员充满工作激情，愿意为团队目标的实现竭尽全力；对团队成员有全面的认识，有效地应用群体运作机制，从而引导一个群体实现团队目标；有目的地创建互相依赖的团队合作精神，在团队之间合理有效地调配资源，加强不同目标和背景的团队之间的配合，以促成组织整体业务目标的实现；采取行动，在组织中营造精诚合作与公平竞争的氛围；通过各种手段，如设计团队标志等，塑造健康优秀的团队形象，使组织或团队被外界或有关组织认同和推崇。

三、团队合作的技巧

（一）平等友善

团队成员相处的第一步便是平等。不管你是资深队员，还是新进队员，都是平等的关系，相互之间真诚相待，赢得团队成员的信任，诚信、平等、友善是团队成员之间相处共事的基础。

（二）善于交流

同在一个团队中，你与团队成员之间会存在某些差异，知识、能力、经历造成你们在对待和处理工作时，会产生不同的想法。交流是协调的开始，把自己的想法说出来，听听对方的想法。你要经常说这样一句话，“你看这事该怎么办，我想听听你的看法”。通过交流，团队目标更清晰，团队获得内、外部支持力度更大，团队成员技能互补、分工配合更默契，团队归属感更强；通过交流，可以很好理解、更好执行领导意图。

（三）和谐共事

一般而言，与团队其他成员有点小摩擦、小隔阂，是很正常的事。但千万不要把这种“小不快”演变成“大对立”，将矛盾升级。对别人的行动和成就表示真正的关心，是一种表达尊重与欣赏的方式，团队成员之间应和谐共事。

（四）谦虚谨慎

在团队中，个人要学会谦虚谨慎，密切注意外界事物或自己的言行，正确认识自己的长处和不足，虚心听取不同的意见；勇于自我批评，改正错误；勤奋学习，不断提高。只有这样，我们才能具有良好合作的个性品质，才会融入团队，奉献自己的力量，达成“加法”甚至“乘法”的效果。

第三节　有效沟通

一、沟通的实质

（一）沟通的内涵

沟通是人们分享信息、思想和情感的任何过程。这种过程不仅包含口头语言和书面语言，也包含形体语言、个人的习气和方式、物质环境，即赋予信息含义的任何东西。沟通是人与人之间、人与群体之间思想与感情的传递和反馈过程，沟通的目的是信息共享、思想传递、感情交流。

沟通是一种信息交换的过程。它包括信息发送、信息传递、信息接收和信息反馈四个过程。发送的信息通常有三种形式：语言、非语言、书面。这些信息会通过一定的渠道，比如面谈、微信、QQ、电话、会议、演讲等方式传递给他人。他人接收这些信息后，会对这些信息进行重新解释，并给信息发出者提供言语的、非言语的或书面的反馈。在实际的沟通过程中，沟通双方往往交替成为信息发送者和接收者，发生互动。沟通的四个过程中的任何一个都会影响沟通的效果。因此，要达到有效沟通，这四个方面都需要重视。

沟通包含沟通的内容、沟通的方法、沟通的动作。就其影响力来说，沟通的内容占不到1/10，影响力最小；沟通的方法占2/5；沟通的动作占1/2，影响力最大。口头和书面沟通属于语言沟通，非语言沟通包括声音、语气、语调、肢体动作等，实际生活中语言沟通和非语言沟通结合起来使用才能达到有效沟通的效果。为了获得理想的沟通效果，沟通双方往往选择双方都知道的信息点进行交流，不断扩大达成共识的话题；选择沟通双方都容易接受的信息点进行交流，适度表达自己的信息点并主动观察、征求反馈意见；共同探索未知的又令人好奇的信息点。总之，沟通就是要求同存异，面向未来。

在沟通过程中，我们要明晰自己的观察结果、感受和愿望，有意识地使用语言，诚实、清晰地表达自己，尊重与倾听他人。在互动中，我们能聆听自己和他人心灵深处的呼唤。这促使我们仔细观察，发现正影响我们的行动和事件，并提出明确的请求。

（二）沟通的作用

沟通是我们生活中的主要部分，我们生活中大部分时间是在沟通。人是社会性的动物，不能脱离其他个体而存在，每个人都有与人沟通、被人倾听和理解的心理需求，通过沟通我们表达自己最深的感受和需要，如果失去沟通，人们会出现一些生理症状。

沟通能帮助人们消除人和人之间的误解，并积累重要的人脉关系，从而为自己的事业成功打下基础。沟通可以促进信息的交换，扩展我们看问题的广度和深度，为正确的决策打下基础。在生活中，我们总在进行着各种各样的决策，一个人的知识和经验是有限的，因此，当人完全依靠自己的判断来决策时，很有可能有所偏颇，这时，与师长、朋友、相关领域专家、同事进行积极、有效、深入沟通至关重要；在团体和企业中，做到上下通达的有效沟通至关重要，沟通对团体和企业的决策同样重要。每个人都渴望被理解，尤其当自己的想法和愿望与他人不一致时，获得理解与支持最直接的方法就是沟通。沟通也是确保组织目标顺利实现的关键因素之一。

二、积极倾听

（一）聆听的作用

倾听可以获取重要信息，包括谈话内容、对方的情感，想要听出谈话背后的意思，需要高度注意、联系语境或语气才能做到。通过倾听，我们可以明白对方的观点是什么，听懂之后我们才能表达自己的观点，作出准确的评论。在倾听的过程中，你能够发现讲话者的初心和需求，在你说服对方时，你就能够抓住谈话的关键点，让对方感受到你的意见充分考虑了他的需求和见解，他会更愿意接受，从而获得友谊与信任，即善听才能善言。通过倾听，我们将意识到他人的人性以及彼此的共同之处，这会使自我表达变得更容易。我们越是倾听他人语言背后的感受和需要，就越愿意与他人坦诚地沟通，倾听使我们勇于面对自己的弱点。倾听他人有助于对他人的理解和接纳。

积极倾听者通过非语言方式表达自己的观点，以促使对方的思维更加灵活敏捷，让说话者觉得自己的话有价值，愿意说出更多、更有用的信息，启迪说话者产生更深入的见解，双方都会受益匪浅。

（二）听与听

听是用耳朵接收各种听得见的声音的一种行为，只有声音，没有信息，是被动的。倾听时可以获得信息、了解情感，是主动的。忽视地听、假装在听、有选择地听是不可取的，而专注地听、同理心倾听值得推荐。

同理心倾听是从对方的角度去听，通过用心倾听及回应来了解对方的动机和感受。倾听者暂时放下自己主观的参考标准，以对方的思考角度看事物，以对方的处境来体谅对方的思想行为，了解对方因此产生的单方面感受，不一定认同对方的所有观点，但会尊重他的观点，理解并接受对方的切身感受。专注地听是从自己的角度去听，专注于对方所说的话，并以自己的经历为参照进行比较。专注地听大多数时候可以在说话者和倾听者之间产生共鸣。

（三）倾听中的注意事项

在倾听他人的时候，了解他人的观察、感受、需要和请求，并给予反馈。在听的过程中保持持续的关注，为对方的充分表达创造条件。我们可以主动表达我们的理解，帮助对方了解我们是否明白他们的意思。无论对方用怎样的词语表达自己，我们都可以用心体会他们的观察、感受、需要和请求。倾听时要注意以下方面。

1. 消除干扰

消除外在和内在的干扰，保持环境的安静，把手机等调成静音状态，把注意力完全放在对方的身上，掌握对方的肢体语言，明白对方说了什么，以及对方的话所代表的情感与意义。

2. 对方优先

让对方先说，对方会觉得我们很尊重他的意见，有助于我们建立融洽的关系，彼此接纳；鼓励对方先开口可以降低谈话中的竞争意味；我们的倾听可以培养开放的气氛，有助于彼此交换意见；对方先提出他的看法，我方就能掌握双方意见一致之处，然后很好表达自己的意见。非必要时，避免打断他人的谈话。当我们武断地打断别人的时候，可能无法完全理解对方的意思。

3. 注意观察

观察肢体语言，自然地微笑，身体稍微前倾，常常看对方的眼睛，并点头；倾听时，尊重他人的心理空间，保持适当距离，会让他人感到更安全、更舒适，表达也会更放松；很多人都不敢直接说出自己真正的想法和感觉，他们往往会运用叙述或提出疑问的方式，百般暗示，以此来表达自己内心的看法和感受。遇到暗示性强烈的话语时，要鼓励说话的人把话说得再清楚一点。

4. 听关键词

透过描绘具体事实的字眼，可以推测出对方喜欢的话题，这些字眼透露某些信息，同时也显示对方的兴趣和情绪，也可以帮助我们决定如何回应对方的说法。

5. 关注重点

抓住主要意思，注意分析哪些内容是主要的，哪些是次要的，以便抓住事实背后的主要意思，避免造成误解。

6. 鼓励他人

用自己的话重复对方说话的内容，简要地述说对方的重点，让对方觉得他很重要，能够掌握对方的重点，让对话不至于中断；体会对方情绪，将其话语背后的情感复述出来，表示接受并了解他的感觉；要注意信息反馈，及时查证自己是否完全理解了对方的意思，以便更好地理解后面讲话的内容。

7. 善于提问

有效提问是倾听的前提。恰当地提问会避免问到无用的问题，可以使用一些中立性的、不具挑战性的问题和探索性问题沿着你所关心的话题进行深入探索。比如“发生了什么事?”“你做了些什么?”“那是如何发生的?”“能否告诉我关于这件事的更多信息?”，用问话帮助说话者澄清不够明确的表达。使用这样的问话来引导对方进行澄清，“我们怎样做你才能接受呢？或者你给我一些具体想法，告诉我你不能接受的原因。”

三、有效表达

话是说给别人听的，用简单的语言、易懂的言辞来传达信息，掌握说话的时机，了解说话的对象，选择合适的方式，达到有效表达的目的。有效表达分为非语言表达、语言表达和书面表达。

（一）非语言表达

在有效表达的过程中，面部表情、身体姿势、空间距离、衣着仪表、声音特征等属于非语言表达，非语言表达要和谐一致。

目光：眼睛要诚恳而沉稳地看着对方。站姿：昂然站立，放松自己，自然而轻松地移动；抬头挺胸，肩膀、臀部和双腿站成一条直线，让你的精神向前倾注；两手最自然的方式是自然下垂，放在腰际。坐姿：保持良好的坐姿，上身略微前倾，手放置在椅背上，不要随意滑动。动作：你的双手动作尤其重要，柔和的手势表示友好、合作。脸部表情：谈话时要轻松自然，记得要保持微笑。衣着与仪表：衣着要注意与时间、地点、目的相匹配；在衣服的色彩搭配上，一般来说，黑、白、灰三色是配色中最安全的颜色。声音与语气：让你的声音带着精力与热诚，设法让语调、节奏和声音的大小有所变化；为吸引注意力可以使用合宜且清楚的语言，中间可有停顿，抑扬顿挫表明热情，突然停顿是为了制造悬念。

在非言语表达中，一个舒心的微笑是友好、热情，并愿意进行沟通的强有力的暗示，展示你热情开放的交谈态度；张开双臂表明你是友好的，并愿意与人接触，让他人感觉到你在听他讲话，并能够接受；交谈时，身体轻微前倾表明你正在听对方讲话，对其很感兴趣，对方将愿意继续与你交谈，但不要太近、太快地侵犯他人的私人空间；热情而有力地握手表达了你对见到的人持一种热情而友好的态度；眼睛是心灵的窗口，自发的眼神交流，能传递内心的信息；点头表达了你正在听，并能理解对方所谈的内容，但不一定意味着赞同。当两个人和睦相处时，你会发现他们之间肢体语言的运用是非常频繁的，而且一个人的肢体语言是对其他人肢体语言作出的反应。他们的坐姿相似，这种一致性会促进沟通，帮助建立融洽的人际关系。

（二）语言表达

现实生活中，良好的言语表达能力是大学生驾驭人生、创造美好生活、追求事业成功的必备能力，是通往成功之路的必要途径。提高语言表达能力要多说、多听、多看、多背、多想、多编。

积极大胆与别人说话，平时积累一些自己擅长的话题，平时要留意观察别人的话题，了解吸引人的与不太吸引人的话题，扩充自己的知识领域，多看书，多参加集体活动，这样可以多和人沟通交流。多去听讲座，听新闻，学习别人的语言表达技巧。这样你就可以获取大量丰富的信息，这些信息经过大脑的整合、提炼，就会形成语言智慧的丰富源泉。多看电影、书报以及谈话类节目，还可以看现实生活中各种生动而感人的场景，学习其他人的说话方式、技巧和内容，特别是影视、戏剧、书报中人物的对话，它们源于生活、高于生活，可以为你学习说话提供范例。多背诵能训练你形成良好的语感，多背诗词格言、谚语等，它们的内涵丰富、文字优美，背多了就会慢慢形成自己的生动语言。多想是让思维条理化，很多时候我们不是不会说，是不会想，想不明白也就说不清楚。在说一件事、介绍一个人之前，想事情发生的时间、地点和经过，想人物的外貌、特征等，有了比较清晰的思维，语言才会更加条理化。善于编写可以提高自己的语言思考和说话能力，以及语言创新能力。

在语言表达中，留意观察沟通双方发生的事情，清楚地表达观察结果，表达自己的感受。语言要尽量直接而中肯，面对非专业人士尽量避免使用专业术语。尽量避免使用长句子，20 字左右最易使对方明白你所要表达的主要观点。

（三）书面表达

书面表达可以给沟通双方充足的时间来丰富和修饰自己的表达内容。书面表达的材料比口头材料更容易复制、传递和保存，但是沟通的周期较长，获得沟通的反馈信息较慢，而且书面表达对信息准确性的要求更高，所以使用的频率不高。随着电子邮箱、微信、

QQ 等网络信息平台的建设，反馈信息能够快速传递，沟通的周期也在不断缩短，为书面表达提供了便利。书面表达的运用场景主要是商务信函、新闻报道稿件等，其内容的主要要求是正确、清晰、完整、简洁。

第四节　时间管理

一、时间概念

（一）时间是人根据物质运动来划分的

在古代，光阴表示时间。时间是一种客观存在。时间的概念是人类认识、归纳、描述自然的结果。在中国古代，其本意是四季更替或太阳在黄道上的位置轮回，《说文解字》中说“时，四时也”；《管子·山权数》中说“时者，所以记岁也”。

时间是人根据物质运动来划分的。时是用来描述一切运动过程的统一属性，物质运动需要耗费“时”，“间”是人为的划分。时间是对物质运动进行的一种划分，是人定的规则。时间涵盖了运动过程的连续状态和瞬时状态，随着认识的不断深入，时间的概念涵盖了一切有形与无形的运动。当一个点相对于某坐标系运动时，其运动所形成的直线、线段或曲线就是相对于该坐标系静止的点的时间之一。

我们把地球绕太阳一周的运动过程划分为一年；地球自转一圈的运动过程划分为一日。顾炎武在《日知录》中说：“自汉以下，历法渐密，于是以一日分为十二时，盖不知始于何人，而至今遵而不废……然其曰夜半者即今之所谓子时也，鸡鸣者丑也，平旦者寅也，日出者卯也，食时者辰也，隅中者巳也，日中者午也，日昳者未也，哺时者申也，日入者酉也，黄昏者戌也，人定者亥也。一日分为十二，始见于此。”北宋时开始将每个时辰分为“初”“正”两部分，分十二时辰为二十四，称“小时”。

（二）时间是公平且宝贵的

在时间上，人人是平等的。每个人每天都会有 24 个小时，不会多一分也不会少一秒，每个人都可以充分利用时间去实现自己的梦想。时间不以人的意念为转移，圣贤不能让在握的良辰逗留，权威无从喝令眼下的光阴缓行。时间最不偏私，一天里给任何人的都是 24 小时。现实中，懂得利用时间，懂得合理安排时间的人往往比那些浪费时间的人收获更多。

时间的珍贵性主要体现在其有限性上，即每个人的生命总会有一个尽头，并且不可重来。“逝者如斯夫，不舍昼夜”，生命的列车总是在不停地驶向终点，在路程中我们需要做些什么，这是我们需要考虑的。

大学阶段是人生发展的重要时期，时间尤其珍贵。青年时期是一个美好而又一去不可再得的时期，是将来一切光明和幸福的开端。少壮须努力，老大不伤悲。我们学习的时间是有限的，时间有限，不只由于人生短促，更由于人生的纷繁。我们应该力求把所有的时间用来做最有益的事，我们需要对时间的流向引起足够的重视，只有管理好自己的时间，才能把控自己的人生。

二、时间管理的方法

时间管理的方法有很多，有关时间管理的研究已有相当长的历史。犹如人类社会从农业革命演进到工业革命，再到资讯革命。第一代时间管理强调利用便条与备忘录，在忙碌中调配时间与精力；第二代时间管理强调利用日程表与行事历，调配当下和未来的时间和精力，兼顾到规划未来的重要性；第三代时间管理强调优先顺序，依据轻重缓急设定短、中、长期目标，再逐日确定实现目标的计划，将有限的时间、精力加以分配，争取最高的效率。

（一）安排日程的时间

我们推荐在前一天晚上进行第二天的日程安排，这样做出的日程安排可以让你在第二天尽快进入学习和工作状态；也可以选择在早晨确定日程安排，这样不仅可以兼顾一个晚上发生的变化，而且早晨起来比较清醒，精力充沛，可以帮助自己尽快把一件件事情完成。

（二）安排日程的方法

1. 为每个重要的目标设定完成日期

在时间管理上有一个著名的帕金森定律：如果你不加以控制，工作会自动膨胀，占满所有可用的时间。设定实际可行的期限，你只要将工作分成若干个行动，考虑需要涉及的人或事，考虑用于各项任务的具体时间。设定实际可行的期限不仅能够使你达到目标，还能帮助你真切地感受所取得的进展。

2. 制定任务列表

将任务分成更小的若干行动，列出与任务有关的所有具体行动，确定具体行动；将每项任务切分，使其具有可测量性，确定实际可行的期限，从而详细了解任务所涉及的各个方面。

3. 利用优先级排序

每人每天都有需要完成的任务。为了防止遗忘，将它们列在一张清单上是一个很不错的办法。但是光记住任务还不够，还需要对每项任务按照轻重缓急进行排序。优先级矩阵是一个很有用的工具，能够帮你对工作进行有效的优先排序，并区分任务的重要性。

在优先级矩阵里有两个重要的维度：重要性和紧急性。重要性是对于进行时间管理的人而言的，对于重要性的判断和一个人的价值观有非常大的关系，同样一件事，可以被一个人判断为重要的事件，而被另一个人判断为不重要的事件。例如，职业技能证书培训考试，对于想要就业参加工作的学生来说就是重要的事，因为职业技能证书在找工作时是一个必备的条件，可以很好地证明自己的能力；而对于准备参加“专升本”考试的学生来说，其重要性就低一些。再比如，每月还房贷，对于讲诚信的人来说就是重要的事，因为诚信报告会记录还款情况，日后买房、贷款、办企业都会用到诚信报告；可对于不在乎这些的人来说，重要性就低一些，他们也许会拖一段时间再还房贷，因为还有更重要的事需要用到这笔钱，他们并不担心违约带来的法律惩戒。

紧急性是就事情而言的。例如，今天要乘高铁去外地，如果现在不出发可能就会迟到，这就是一件紧急的事。事情可以按照重要性和紧急性的不同分为四类。

（1）第一类事情：既紧急又重要，必须立刻做

既紧急又重要的任务包括紧急事件、有期限要求的项目或需要立即解决的问题，紧急的任务趋向于那些具有高度可见性的工作，它们对其他人而言很重要，而且它们可能会吸引你，因为它们让你感觉自己会快速地达到某个目标。紧急的任务需要引起注意。

（2）第二类事情：紧急但不重要

紧急但不重要的任务包括应对干扰，处理一些电话或电子邮件、会议和其他人关心的事情。由于这些任务比较紧急，你需要处理它们，关键是不需要花费太多时间。它们可能紧急，但对你个人而言并不重要，所以应尽快把它们处理完，然后继续完成其他工作。只有在优先考虑了重要的事情后，才来考虑这类事情。人们常犯的错误是把“紧急”当成优先原则。其实，许多看似很紧急的事，拖一拖，甚至不办，也无关大局。

（3）第三类事情：重要但不紧急

重要但不紧急的任务包括策划、建立关系、个人发展或识别新机会。重要的任务帮助你完成长期的使命或目标，而且要求有更多的计划，对于重要的任务你不仅仅要做出反应，而且要提前行动。只要没有第一类事情的压力，就应该当成紧急的事去做，而不是拖延。

（4）第四类事情：既不重要又不紧急

既不重要又不紧急的任务包括处理垃圾邮件、直销信件，浪费时间的工作，一些无谓

的社交活动和个人感兴趣的事情。应把这些工作放到最后。在你没有其他更重要的工作时，再完成这些任务。

当你有多种不同的工作任务需要处理时，排列优先次序就变得非常困难了。使用优先级矩阵将帮助你确定每项任务的紧急性与重要性，以便更好地处理各项任务。在处理这四类事情时，首先集中精力处理好第一类事情：紧急又重要的事情；然后处理第二类事情：紧急但不重要的事情，在第二类事情的处理中能授权别人处理的就让别人处理，别人无法代劳的尽快处理完，不能让这些事情占用你太长时间；如果处理第二类事情比较快，那你就会有一些空余的时间，每天利用空余的时间处理第三类事情：重要但不紧急的事情；而最后考虑第四类事情：既不重要又不紧急的事情。

有些人把大部分的精力用在处理第一类事情上，当他处理好了以后，由于过少地关注第二类事情，第二类事情随着时间的进展变成了第一类事情，会使他疲于奔命，应接不暇。而另外有些人会偏重于处理第三类事情，做什么事情都是他人优先，最终自己得不到发展，其结果极有可能被用人单位淘汰。建议应该重点关注第二类事情，在危机没有形成之前就将其完成，并识别出自己的发展机会，提前准备。

每个人都有精力最集中的时候，要遵循你的生物钟。将你办事效率最佳的时间段用于处理最重要的任务，对于可控制的工作，将其安排在一天中工作效率最高的时间段处理；利用好外部资源最为齐备的时间段，能帮你做出决定、为你回答疑问或为你提供信息，在安排日程的时候，考虑内部和外部的高效时间段，将会非常有帮助。例如，你和上级交流的最佳时间一般是刚到办公室或中午吃饭的时候；你制定决策的最佳时间一般是上午。总之，要将优先办的事情放在最佳时间段内。

4. 预留时间

如果日程安排中设定时间太满，就会让你觉得被时间所控制，导致你的工作和生活缺少活力。如果有一些意外的事务插入进来，就会让你的日程受到很大的影响。预留时间为你提供了思考的机会，可以利用预留时间寻找解决问题的不同方法，而且它能使你控制自己的时间。建议每天安排一定的预留时间。

三、有效利用时间的技巧

（一）不断澄清自己的价值观

澄清自己的价值观，要做和你的价值观相吻合的事情。一个人要想有效利用时间，一定要确立个人的价值观，通过自我反思，不断澄清自己的价值观。价值观不明确，那么你就很难知道什么对你来说最重要；价值观不明确，那么你的时间分配一定不够好。将你的时间优先分配给对你来说最重要的事，你永远没有时间做完每件事，但你永远有时间做对你而言最重要的事。

（二）做好时间日记

时间是有限的，所以要明白时间用在了哪些地方。你花了多少时间在哪些事情上，把它详细地记录下来，早上起床（包括洗漱、换衣、早餐等）花了多少时间，刷微信花了多少时间，出门上课花了多少时间，玩游戏花了多少时间……把每天花的时间一一记录下来，你会清晰地发现自己浪费了哪些时间。这和记账是一个道理，只有找到浪费时间的根源，你才有办法改变。

（三）归类做事

要把同一类事情一次性做完。假如你在做纸上作业，那这段时间都做纸上作业；假如你在思考，那这段时间只用作思考。当你重复做一件事情时，你就会熟能生巧，效率也会提高。

（四）处理拖延

当你遇到一个问题时，拖延不一定会使问题消失，反而会使问题越来越严重，同时也会增加自己的痛苦。当一个人到最后的期限之前才动手工作，同时工作的难度又比较大，就会有很大的压力，这种压力会使人的思维能力受到抑制，导致工作效率降低。如果你不希望被最后的期限逼得喘不过气来，最好的方式就是避免拖延，在压力没有形成的时候完成工作，你就会更加放松、自由，对事情会有一种掌控感。有些时候我们拖延是觉得任务太大，很难在短时间内完成，于是总无法开始去做，这时候就要将任务进行分解，分解到你在 5 分钟之内就可以完成一部分。你可以利用零散时间去推进你的工作，也可以交给他人去完成，委托他人来办理必须注意：决定自己需要委托他人处理的具体事情，找出最合适的委托对象，用恰当的方式向对方表明你此次委托的目的和原因，向对方详细地描述清楚任务的要求，给出确切的时间限制。

（五）学会拒绝

要学会说“不”，一旦确定了哪些事情是重要的，就要对那些不重要的事情说“不”。你不可能满足所有人的要求，因为你没有足够的时间。当有人对你提出请求的时候，你需要评估对方对于你的重要性以及你不做这件事的后果。在拒绝别人的时候一定要坚决，要学会直接地告诉对方：“我知道这件事情对于你很重要，但我现在实在很忙。”如果你碍于面子答应下来，但又没有时间完成，可能对双方来说都是一种伤害。有时候我们的工作已经非常多了，上级还会给你布置一些新的任务，这时候你需要和领导进行沟通，告诉他你最近的任务清单和时间表，如果接受这个任务会影响正在进行的那些工作，领导自然会做出权衡，一般会对你的工作作出调整或把这个任务交给其他人去完成。

思考题

1. 职业能力提升的方法有哪些？
2. 积极培养团队精神的途径有哪些？
3. 沟通以及积极倾听的作用有哪些？
4. 时间管理的方法有哪些？利用时间的技巧有哪些？

第五章　求职准备

单元导读

大学生求职前最好能够树立职业规划意识。从踏进大学开始，学校每年都会举办职业规划大赛，可以利用这个机会对自己的未来职业进行思考。当然，并不是一次的思考就能够支撑整个求职之路，需要进行不断地修正。随着阅历的增加，也能够得到新的启发，因此要不停地更新已经做好的准备。

学习目标

1. 掌握基本的求职礼仪。
2. 掌握面试的类型与应对方法。
3. 熟知需要准备的求职材料。

第一节　礼仪和基本要求

一、仪容仪表礼仪

礼仪是对社会个体在仪表仪容、表情举止、衣着打扮等方面的具体规范，是交际礼仪的基础。正如《礼记·冠义》中所说："礼仪之始，在于正容体，齐颜色，顺辞令。容体正，颜色齐，辞令顺，而后礼仪备。"仪表，是指人的外表，包括人的容貌、仪态、服饰和个人卫生等方面，它是人精神面貌的外观。人们常说的第一印象，多半来自一个人的仪表。讲究仪表，不仅能塑造和维护个人的社交形象，而且能通过良好的个人形象塑造组织形象，同时也能对整个社会风貌的净化与美化起到积极的作用。

仪容主要指包括五官在内的整个面部，它是仪表之首。对仪容的基本要求是整洁、卫生。具体有如下要求。

（一）头发

整洁的头发、得当的发型会使人显得精神抖擞、容光焕发。

1. 保养与清洁头发

理想的发质应色泽统一、有光泽和弹性、不分叉。保护头发可从饮食入手，多食含有维生素、微量元素、蛋白质的食物。如果头发枯黄或过早变白，应多吃动物肝脏、黑芝麻、核桃、葵花子、黄豆等；头发脱落过多，则应多吃黑豆、蛋、奶、松仁等；头皮屑过多，可吃海带、紫菜、海鱼等含碘多的食物。

保持头发整洁、发型美观。及时理发，经常梳洗头发，做到无头屑、无油垢、不凌乱。应根据发质选择洗发剂和确定洗发周期。油性头发宜选择去油功能强的洗发剂，每3~5天洗一次；干性头发则宜选择含有蛋白质的营养型洗发剂，每5~7天洗一次。洗发时，水温以40度左右为宜。

2. 选择适当的发型

发型的选择既要符合美观、大方、整洁和方便工作的原则，又要与自己的发质、脸型、体型、年龄、气质、四季服装以及周围环境相协调，这样才能给人以整体的美感。

男性的头发长度以5~7厘米为宜。不能过短，如剃成光头；也不宜留长发、大鬓角，否则容易给人留下性格粗鲁、萎靡不振、办事拖沓的印象。方脸型女性的发型以端庄、简洁、秀丽为好，注意别让头发遮住眼睛。

要根据自己的脸型选择一个你喜欢而又适合你的发型。方脸型男性最好采用不对称发缝，不要理寸头；方脸型女性可尽量增多顶发，发缝侧分，并把蓬松卷曲的刘海往两边太阳穴梳，或在颈部结低发髻，或留披肩发，让头发披在两颊，以减小脸的宽度。长脸型男性头发宜稍长；长脸型女性适合采用自然而又蓬松的发型，可加厚面部两侧的头发，削出层次感，并用“刘海”遮盖住部分前额。圆脸型可选择垂直向下的发型，最好侧分头缝，顶发适当隆起，头发遮挡面部两侧，女性尽量不要留刘海。“由”字脸型的人额窄腮宽，发型应上厚下薄，顶发较多且隆起，前额尤其是鬓角用头发遮盖一下。“甲”字脸型的人额宽颚窄，头发宜侧分，选择不对称式短发型，露出前额，并适当增多双耳以下的发量。

（二）面部和手部

面部各部分和手部的清洁与修饰也是仪容的重要方面。

1. 眼部

眼睛是心灵的窗户。注意眼睛的清洁，及时清除眼角分泌物。当然，清洁时要避开他人，不能当人面用手绢、纸巾擦拭或用手去抠。注意用眼卫生，预防眼病。

眉毛的形状是容貌的重要组成部分，适当修剪可以让整个面部显得平衡、清晰。

2. 鼻部

养成每天洗脸时清洁鼻腔的好习惯。切忌当众清洁鼻孔，当着他人的面挖鼻孔或擤鼻涕，既易引人反感，又影响个人形象。另外，用手挖鼻孔的动作不雅观，也不卫生，有此坏习惯的人应注意纠正。毛发重的男性，如果鼻毛长出鼻孔，应及时修剪。

3. 嘴部

保持干净。吃东西后马上擦嘴，并及时清除牙缝中残存的食物，但不能当众剔牙、嘬牙。

口气清新。早晚刷牙，饭后漱口。口中不能有烟、酒、葱、蒜、韭菜、腐乳等气味。不得已的话，与人接触前可咀嚼口香糖或茶叶来清除口中异味。因牙病或其他疾病造成口中有异味的，应及时治疗。

避免“异响”。一般咳嗽、打嗝、打哈欠时应尽量避开他人，一旦忍不住当众出现，要用手绢或手捂住嘴，并向他人道歉。不要随地吐痰，否则显得文化素质很低。

修面剃须。男性要每天剃胡须，胡子浓的，在会客或其他社交活动前还应当再剃一次。但不要当着他人的面使用剃须刀。

保护嘴唇。防止嘴唇干裂爆皮，避免唇边残留分泌物。

4. 颈部

颈部与头部相连，属于面容的自然延伸部分，也是人体最易显现年龄的部位，因此应重视修饰颈部。要从年轻时开始对颈部进行营养护理，防止皮肤老化，与面容产生较大反差。还要经常保持颈部的清洁卫生，不能脸上很干净，脖子特别是脖后、耳后却藏污纳垢。

5. 手部

手的清洁在某种程度上也反映着一个人的精神风貌。和面部一样，手露在外面，容易被人注意到，又是接触其他人和物最多的地方，所以要经常保持手部清洁，饭前便后以及接触脏物以后，要马上洗手，方便的话还应涂上油脂，以保持手部的光洁。

要勤剪指甲，不留长指甲。长指甲既不容易保洁，又不方便做事，有时还会伤着别人或自己。有人喜欢一个手指留长指甲，以便掏耳朵、挖鼻孔、搔痒。其实这些动作既不卫生，又不雅观。修指甲要避开他人，在公共场所修剪指甲，会给人留下缺乏责任心、无所事事的印象。

女性涂指甲油要注意场合。上班不能涂红色指甲油，可涂无色透明的；社交场合方可涂红艳的指甲油。指甲油要保持完好，不要重复涂抹，否则就不美观了。

6. 化妆

女秘书应适度化妆。在正式场合，女性不化妆是不礼貌的。在崇尚自然美的基础上，加一点人工的修饰，可以使人焕发青春的光彩，并增强自信心。

化妆的浓淡要掌握好。一般上班和白天化淡妆、社交场合和晚上化浓妆，并注意与场合相适应，与个人衣着、周围环境相协调，切不可不分时间、场合地浓妆艳抹。女秘书化妆的最佳境界是清新、淡雅，既显得楚楚动人，又不留人工雕琢的痕迹，体现出东方美。

化妆要用“三庭五眼”的标准，找出自己面部的缺陷来加以弥补。“三庭”，指标准脸长应为三等份：眉毛以上天庭部分一份、鼻部一份、鼻下一份。“五眼”，指标准脸型应为五个眼睛宽。

化妆时，哪一部分不合比例就在哪里弥补一下，如额部较长，鼻部较短，可将眉毛画得向上高挑些，以产生额部变短的感觉；如鼻部较长，额部较短，可将眉头向下画一些，给人鼻部变短的感觉。

年轻的女秘书适宜用明色的口红，中老年女秘书则以浅茶色或淡褐色的唇膏为宜。注意不要在公共场所化妆或补妆，也不要在男性面前化妆。有时需要化妆或补妆，应到洗手间去。

在人口密集处，不宜使用浓香型化妆品。一般不要借用他人的化妆品，以免传染疾病。

脸部化妆，一方面要突出面部五官最美的部分，使其更加美丽，另一方面要掩盖或矫正缺陷或不足的部分。经过化妆品修饰的美有两种：一种是趋于自然的美，一种是艳丽的美。前者是通过恰当的淡妆来实现的，它给人以大方、悦目、清新的感觉，最适合在家或平时上班时使用；后者是通过浓妆来实现的，它给人以庄重、高贵的印象，可出现在晚宴、演出等特殊的社交场合。

无论是淡妆还是浓妆，都要利用各种技术，恰当使用化妆品，通过一定的艺术处理，才能达到美化形象的目的。

二、求职礼仪

（一）面试的着装礼仪

研究表明，毕业生的仪表、风度是否得当对求职的成功与否有着直接的影响。许多单位的负责人也认为，应聘时起决定作用的因素中70%源于“第一印象”，即应聘者的精神面貌和衣着打扮。这种以貌取人的做法似乎很肤浅，但毕竟是现实。

心理学上的“晕轮效应”认为，一个人给别人的第一印象，往往成为别人对其做出判断的依据。比如，你见到一个人衣着整洁、彬彬有礼，就会认为这个人做事细心、有条不紊。进而会想，这人一定有责任心，就会产生中意的感觉。倘若最初印象是衣冠不整、吊儿郎当，定会做出此人缺乏责任心的结论。因此，正确着装在求职面试中起着非常重要的作用。

1. 面试着装的原则

常言道：佛要金装，人要衣装；三分长相，七分打扮。着装在反映一个人的仪表、风度方面的作用是显而易见的。毕业生讲究合适的着装，表明其对面试的重视和诚意，也是对他人的尊重和礼貌。面试着装的总体要求是整洁雅致、朴素大方。具体地讲，应遵循下列原则：

（1）体现个性原则

服饰美，不是抽象的，而是具体的；不是绝对的，而是相对的。同一件衣服穿在不同人身上会产生不同的感觉，而同一个人穿不同的衣服，也会产生不同的效果。服装只有通过具体的人才能体现出美感。“东施效颦”的故事告诉我们，要展现出自己的魅力，必须了解自己的身材、肤色、气质等实际情况，切不可盲目赶时髦、追新潮、胡乱学样。要在自己的主观爱好、审美情趣的支配下选择着装，才能选出自己的风格，展现自己的个性。所谓个性化，不是怪异，而是建立在一定的服饰基本原则基础上的个别。一般来讲，个性化必须以追求高雅、庄重、大方为本，必须与自己的实际条件、气质、爱好等相匹配。否则，就好像你穿了一件别人的衣服一样别扭。

（2）符合目的原则

着装不仅要符合自己的个性特征，还要以目的为基础，有时甚至违背个性原则。比如，去应聘商场服务员工作，你的服饰必须体现自己个性中或温柔、或认真、开朗、热情的一面，既表现个性，又能衬托出你非常适合商场工作，以引起面试人员的注意。如果你仅仅是为了突出个性而忽视应试职业的要求，穿着开放时髦甚至暴露的衣服来表现你的坦诚、热情，你很可能不会被录用。因为商场服务人员的着装必须符合大众的审美，时髦的东西或过于暴露的装束只能为少数人所接受，这会影响商场的形象。

（3）适合环境原则

从冬季到夏季，气温差异较大。四季不同，气候条件的变化对着装心理和生理的影响也不同。如夏天的服饰应以简洁、凉爽、大方为原则，拖沓、累赘的装饰（如领花、胸花、袖花等），会使周围的人产生闷热烦躁的感觉，自己也会因汗水渍渍而显得局促不安。而冬天则应以保暖、轻快为原则，若穿着单薄，会使人唇乌面青、缩肩勾背，既无温度又失风度，毫无美感而言。着装还应顺应时代的潮流和节奏，过分落伍或新奇都会令人侧目生厌。着装的地点主要指将要出现的空间环境，面试一般在会议室或办公室，着装就应正规，随意穿牛仔服，或因天热不穿袜子露出脚趾等，都显得不庄重。若在工厂实习过程中参加面试或突然应试，则穿运动服、工作服等既能显出应试者的诚实态度，又能反映出应试者平时着装符合所从事活动的要求。

2. 色彩与款式

服饰的礼仪功能必须通过其色彩、质料、款式实现。从人际知觉的角度来看，颜色领先，不要选择色彩过艳的袜子。否则，会影响面试的效果。

3. 男生面试时的服饰礼仪

（1）西装

男生应在平时就准备好一至两套得体的西装，不要到面试前才去匆匆购买，那样不容易选购到合身的西装。应注意选购整套的、两件式的，颜色应当以主流颜色为主，如灰色或深蓝色，这样在各种场合穿着都不会显得失态。在价钱档次上应符合学生身份，不要盲目攀比，乱花钱买高级名牌西服，因为用人单位看到毕业生的衣着太过讲究，不符合学生身份，对毕业生的第一印象也会打折扣。

（2）衬衫

以白色或浅色为主，这样较好配领带和西裤。平时也应该注意选购一些较合身的衬衫，面试前应熨平整，不能给人皱巴巴的感觉。崭新的衬衣穿上去会显得不自然，太抢眼，以至于削弱了人事主管对毕业生其他方面的注意。这里要提醒一点，面试时你所穿的西服、衬衫、裤子、皮鞋、袜子都不宜给人以崭新发亮的感觉，原因是人事主管会认为你的服饰都是匆匆凑齐的，那么你的其他材料是不是也加入了过多人工雕琢的痕迹呢？而且太多从没穿过的东西从头到脚包裹在你的身上，一定有某些东西会让你觉得别扭，从而分散你的精力，影响你的面试表现。

（3）皮鞋

不要以为越贵越好，而要以舒适大方为度。皮鞋以黑色为宜，且面试前一天要擦亮。

（4）领带

男生参加面试一定要在衬衣外打领带，领带以真丝的为好，上面不能有油污，不能皱巴巴，平时应准备好与西服颜色相衬的领带。

（5）袜子

袜子的颜色也有讲究，穿西服时的袜子必须是深灰色、蓝色、黑色等深色，这样在任何场合都不失礼。

（6）头发

尽量避免在面试前一天理发，以免看上去不够自然，最好在面试前三天理发。男生女生都应在面试前一天洗干净头发，避免头屑留在头发或衣服上，保持仪容整洁是取得用人单位良好的第一印象的前提。

此外，男生要将胡须剃干净，并且在刮的时候不要刮伤皮肤，指甲应在面试前一天剪整齐。

4. 女生面试时的服饰礼仪

（1）套装

每位女生应准备一至两套较正规的套服，以备去不同单位面试之需。女式套服的花样可谓层出不穷，每个人可根据自己的喜好来选择，但原则是必须与准上班族的身份相符，颜色鲜艳的服饰会使人显得活泼、有朝气，素色稳重的套装会使人显得大方、干练。记住这个原则，针对不同背景的用人单位选择适合的套装。

（2）化妆

参加面试的女生可以适当地化点淡妆，包括涂抹口红，但不能浓妆艳抹，这不符合大学生的形象与身份。

（3）皮鞋

鞋跟不宜过高、过于前卫，夏日最好不要穿露出脚趾的凉鞋，更不宜将脚趾甲涂抹成红色或其他颜色，丝袜以肉色为雅致。

（4）皮包

女生的皮包要能背的，与装面试材料的公文包有所区别，可以只拿公文包而不背皮包，但不能把公文包里的文件全部塞在皮包里而不带公文包。

（5）手表

面试时不宜佩戴过于花哨的手表，给人过于稚气的感觉。面试前应调准时间，以免迟到或闹笑话。

禁忌：男女生都不能在面试时穿T恤、牛仔裤、运动鞋，一副随随便便的样子，百分之百是不受人事主管欢迎的。女生一定不要在服饰上给人错误的信号，例如过于花枝招展、性感暴露的打扮会让人有别的想法，惹来许多不必要的麻烦甚至性骚扰，对求职本身毫无益处。

（二）语言表达礼仪

1. 语言表达原则

毕业生在进行面试的过程中，必须对自己的谈吐认真把握，对于自身的语言、语音、语气、语调都要倍加重视。根据社交礼仪的规范，至少要特别注意如下四个方面的原则：

（1）礼貌

在面试之际，毕业生务必要使自己的谈吐表现得文明礼貌，而绝对不应当令人感到粗俗、无礼。无论是自我介绍还是答复询问，均须使用必要的谦辞、敬语。在称呼面试官时不应直呼其名，而应称其职务，或以“您”和其他尊称相称。在面试之前，应当先向面试官问好。在回答完对方的提问之后，一定要加上一声“谢谢”。对这些细枝末节，一点儿都不能掉以轻心。

（2）标准

毕业生在回答面试官的提问以及进行自我介绍时，还有一个标准与否的问题。要求面试时谈吐标准，首先是要求回答问题完整、准确，绝对不允许东拉西扯、张冠李戴。

除此之外，还要求毕业生语言要标准，口音要标准。语言要标准，就是要多用术语；口音要标准，则是尽量在面试时讲普通话。

（3）连贯

毕业生在面试时，谈吐的连贯与否至关重要。毕业生谈吐的连贯，在这里具有双重的含义。它的第一层含义，是要求“前”“后”连贯，即面试时的谈吐应与毕业生自己向用人单位提供的其他资料完全相符。它的第二层含义，则是要求谈吐自身应当一气呵成，切忌吞吞吐吐。

（4）简洁

在进行自我介绍或回答提问时，毕业生的谈吐应当化繁为简，简明扼要。能不说的话，就不要说；能少说的话，就不要多说；不该重复的话，就一定不要重复。倘若面试官限定了自我介绍或回答问题的时间，务必要严格遵守，宁肯用不了，也不要超过。在用人单位来看，谈吐简洁是毕业生的重要能力之一。

2. 使用敬语、谦语、雅语

（1）敬语

亦称“敬辞”，它与“谦语”相对，是表示尊敬礼貌的词语。除了礼貌上的必须，能多使用敬语，还可体现一个人的文化修养。

敬语的运用场合：比较正规的社交场合；与师长或身份、地位较高的人的交谈；与人初次打交道或会见不太熟悉的人；会议、谈判等公务场合等。

常用敬语：我们日常使用的“请”字，第二人称中的“您”字，代词“阁下”“尊夫人”“贵方”等，另外还有一些常用的词语用法，如初次见面称“久仰”，很久不见称“久违”，请人批评称“请教”，请人原谅称“包涵”，麻烦别人称“打扰”，托人办事称“拜托”，赞人见解称“高见”，等等。

（2）谦语

谦语亦称“谦辞”，它与“敬语”相对，是向人表示谦恭和自谦的一种词语。谦语最常见的用法是在别人面前谦称自己和自己的亲属。自谦和敬人，是一个不可分割的统一体。尽管日常生活中谦语使用不多，但其精神无处不在。只要你在日常用语中表现出你的谦虚和恳切，人们自然会尊重你。

（3）雅语

雅语是指一些比较文雅的词语。雅语常常在一些正规的场合以及一些有长辈和女性在场的情况下，被用来替代那些比较随便甚至粗俗的话语。多使用雅语，能体现出一个人的文化素养以及尊重他人的个人素质。在待人接物中，要是你正在招待客人，在端茶时，你应该说“请用茶”；如果还用点心招待，可以说“请用一些茶点”。假如你先于别人结束用餐，你应该向其他人打招呼说“请大家慢用”。雅语的使用不是机械的、固定的。只要你的言谈举止彬彬有礼，人们就会对你的个人修养留下较深的印象。

3. 语言表达艺术

要根据面试和交谈的内容控制音量的大小、语速的快慢、语调的委婉或坚定、声音的和缓或急促，在抑扬顿挫之中表现出你的坚定和自信。如果装腔作势，会给人一种华而不实、在演戏的感觉。

（1）要口齿清楚、发音准确

应尽量使用普通话，如果认为自己的普通话不太熟练，也不必勉强，就用你最熟悉的语言好了，但要注意避免使用方言中的一些俚语。切忌将“蹩脚”的普通话和方言并用。

（2）讲话要言简意赅、通俗易懂

不要为了显示自己而只顾使用华丽、奇特的辞藻，这样会很难顾及语言的逻辑和通顺，反而使人感到你用词不当、逻辑思维能力差。此外，急于显示自己的妙语惊人，往往会忽略了自己要表达的内容，过于锋利的言辞会显得有些张狂。

（3）交谈过程中要注意掌握和控制语速

讲话速度太快会显得紧张和急躁，讲话速度太慢又会让人感到吞吞吐吐和思维反应迟钝。一般情况下，语速掌握在每分钟 120 个字左右为宜。同时，要注意语句间的停顿，不要滔滔不绝而让人应接不暇。

（4）交谈过程中要注意控制语调

语调是表达人的真实情感的重要元素，语调可以表现出压抑或放松、犹豫或坚定、自卑或自信，语调也可以流露出人的喜怒哀乐等复杂感情。

（5）要集中精力认真倾听对方讲话

要听清和正确理解对方的一字一句，不但要听出其“话中话”，而且要听出其“弦外之音”，这样才能做出敏捷的反应。

（三）面试的举止礼仪

1. 举止礼仪原则

在面试时，毕业生的举止很是令人注目。它不但反映了毕业生的心理活动，而且也是其修养、阅历的客观写照。在举止方面，毕业生应当注意以下四条原则：

（1）自然

在面试时，毕业生一定要沉得住气，努力表现得临阵不慌，见过世面。此刻，毕业生的举止动作以自然为好。千万不要矫揉造作、举止呆板，更不要慌乱不堪、手足无措。

（2）大方

面试时，毕业生的举止动作要大大方方、有条不紊。不要瞻前顾后、东张西望，好像拿不定主意；也不要束手束脚、胆战心惊，在动作上放不开。一定要记住，举止大方是能够给用人单位留下充满自信的良好印象的。

（3）文明

毕业生在面试的时候，务必要克服不文明的习惯。避免在面试的时候站没有站相，坐没有坐样。一定要记住：走动、就座、开门、关门时不要出声，回答问题时不要指手画脚、手舞足蹈，进出房门的时候勿忘始终面对面试官。

（4）优雅

在摒弃不文明的举止动作的同时，毕业生在面试的过程中还应当使自己的举止动作优雅动人、赏心悦目。优雅的举止不但有助于塑造出毕业生的高雅形象，而且还很容易使面试人员由此而对自己产生好感。

2. 表情

人面部的眼、眉、口、鼻构成了一个面部表情的三角区，面部各器官与面部肌肉构成的千变万化的面部表情，是非常重要的无声语言。最重要和最常见的表情是目光和微笑。

（1）目光

目光是用眼神来表达情感、传递信息、参与交流的表情。求职面试时的目光应是和善友好、清澈坦荡的，要从目光中表现出你的坚定和执着。

目光注视的种类和部位：

社交式注视：是人们在社交场合所广泛使用的注视方式，是用眼睛注视对方的双眼和口之间的三角部位，这种注视可形成一种社交的气氛。求职面试的注视以社交式注视为主。

公事式注视：在业务洽谈和贸易谈判中使用的一种注视方式，注视的部位是对方的双眼和额头中部之间的三角部位。

亲密注视：亲人、挚友、恋人间使用的一种“凝视”，两人的眼光相互融合。

目光注视的时间：谈话时注意力要集中，你的视线接触对方面部的时间，应占全部谈话时间的60%以上。尤其在对方讲话时，左顾右盼和心不在焉，是对人不尊重和心虚的表现。

目光注视的方式：应与对方“正视”，以示尊重和礼貌。斜视、瞟、瞥和眼睛的半睁半闭均是不耐烦和目中无人的表现。正视应在对方的双眼和口鼻处交替进行。如果与对方目光相遇的对视太少，会显得缺乏自信。对方讲话时双眼注视对方，不仅表示出你在认真和仔细地倾听，也能使自己处于与对方平等的位置上，有助于消除紧张感。如果心神不安，连头都不敢抬，就是紧张失态的表现了。

（2）微笑

微笑可以传递和善、友好的信息。微笑是不受国籍、种族限制而通行世界的表情。求职面试时，微笑是最具有吸引力和魅力的面部表情，也是最有价值的面部表情。

（3）握手

面试时，握手是很重要的一种身体语言。握手是人与人的身体接触，能够给人留下深刻的印象。当与某人握手感觉不舒服时，我们常常会联想到那个人消极的性格特征。一个令人愉快的握手，给人的感觉是坚定、有力，代表这个人能够做决定，承担风险，更重要的是能够负责任，对方会以诚挚、热情的握手来显示他多么高兴能够认识你；令人反感的握手，给人的感觉是犹豫、不爽快，好像是在告诉别人我不是做决定的人，让人觉得你软弱、狡猾；至于用力到好像要把对方的骨头捏碎，给人的感觉是一样的糟糕。

正确的握手，给人干爽、触感很舒服的感受；如果用湿漉或冰冷的手同人握手，将给对方留下不好的印象。无论男士还是女士，不要在握手时只伸出四个手指，并无握手动作，这种非常傲慢的动作会让对方不悦。

一般来说，如果你的上司或长辈在场，绝不要贸然抢先伸手；握手可稍许用力，以示热情友好；握手持续的时间一般在三秒钟以内；注意不要用左手、忌戴手套、忌戴墨镜、忌只握指尖、忌另一只手乱放。

何时需要握手：当你与人道别时；当你遇见认识的人；当某人到你办公室，以及当他离开时；当你在餐厅遇见熟人；在商业或者社交场合有人为你做介绍时，以及当你要离开他们时；当你向某人道贺时；当你安慰某人，表示同情、慰问时。

不适合握手的场合：当对方职位比你高出很多，而你又没有什么必要的话要对他说，在这种情况下，如果刻意上前与之握手并介绍自己，便显得别有用心了；当你双手占用的时候；当你要与主人道别，而主人在与很多人同时谈话时，如果硬闯入握手道别，反倒显得粗俗无礼。

（4）体姿

体姿包括立姿、坐姿和行姿三个方面，体姿对一个人整体形象的塑造有着重要的作用。人的体姿与人的相貌有同等的重要性，共同显示出一个人的气质和风度。如果站无站相、坐无坐样，即使相貌再漂亮也会大打折扣。外表相貌是天生的，而体姿是可以通过后天的刻苦训练向理想姿态转变的。

第二节　面试的准备

一、面试主要考查方面

（一）仪表风度

这是指应试者的体型、外貌、气质、举止、精神状态等。像国家公务员、教师、公关人员、企业经理等职位，对仪表风度的要求都比较高。研究表明：仪表端庄、衣着整洁、举止文明的人，一般做事有规律，注意自我约束、责任心强。

（二）专业知识

面试官一般会了解应试者掌握专业知识的深度和广度，考虑其专业知识更新是否符合所要录取职位的要求。作为对专业知识笔试的补充，面试对专业知识的考查更具灵活性和深度，所提问题也更接近空缺岗位对专业知识的需求。

（三）工作实践经验

一般面试官会根据应试者的个人简历或求职登记表，做些相关的提问；查询应试者有关背景及过去工作的情况，以补充、证实其所具有的实践经验；通过对应试者工作经历和实践经验的了解，还可以考查应试者的责任感、主动性、思维力、口头表达能力及遇事的理智状况。

（四）口头表达能力

面试中，主要考查应试者是否能够将自己的思想、观点、意见或建议顺畅地用语言表达出来。考查的具体内容包括：表达的逻辑性、准确性、感染力，讲话的音质、音色、音量、音调等。

（五）综合分析能力

面试中，主要考查应试者是否能对面试官所提出的问题，通过分析抓住本质，并且说理透彻、分析全面、条理清晰。

（六）反应能力和应变能力

主要看应试者对面试官所提的问题理解是否准确，回答的迅速性、准确性等。对于突发问题的反应是否机智敏捷、回答是否恰当，对于意外事情的处理是否得当等。

（七）人际交往能力

在面试中，通过询问应试者经常参加哪些社团活动，喜欢同哪种类型的人打交道，在各种社交场合所扮演的角色，可以了解应试者的人际交往倾向和与人相处的技巧。

（八）自我控制能力与情绪稳定性

自我控制能力对于国家公务员及许多其他类型的工作人员（如企业的管理人员）尤为重要。一方面，在遇到上级批评指责、工作有压力或是个人利益受到冲击时，能够克制、容忍，理智地对待，不致因情绪波动而影响工作；另一方面，工作要有耐心和韧劲。

（九）工作态度

一是了解应试者对过去学习、工作的态度；二是了解其对职位的态度。在过去的学习或工作中态度不认真，做什么、做好做坏无所谓的人，在新的工作岗位上也很难说能勤勤恳恳、认真负责。

（十）上进心、进取心

上进心、进取心强的人，一般都确立有事业上的奋斗目标，并为之积极努力。表现在努力把现有工作做好，且不安于现状，工作中常有创新。上进心不强的人，一般都安于现状、无所事事，不求有功、但求无过，对什么事都不热心。

（十一）求职动机

了解应试者为何希望来本单位工作，对哪类工作最感兴趣，在工作中追求什么，判断本单位所能提供的职位或工作条件等能否满足其工作要求和期望。

（十二）业余兴趣与爱好

了解应试者休闲时爱从事哪些运动，喜欢什么样的电视节目，有什么样的嗜好等。这一过程对录用后的工作安排常有好处。

面试时，面试官还会向应试者介绍本单位及招聘职位的情况和要求，讨论有关工薪、福利等应试者关心的问题，以及回答应试者问到的其他一些相关的问题。所谓面试，就是面试官和应试者之间通过当面问答或交谈而进行的一种双向的考核沟通方式。但面试的主动权还是掌握在面试官手里，面试官通过与应试者直接交谈或置应试者于某种特定情境中观察，从而对应试者的知识、能力、经验、气质和性格等基本素质进行测评。这是一种双向的信息沟通活动，既可以让用人单位对毕业生进行一次深入了解和考查，也给毕业生以了解用人单位经营管理情况及精神风貌的机会。对于求职的毕业生来说，要获得求职的成功，把握面试的方法和技巧是十分关键的。

二、面试的类型与应对方法

（一）面试的类型

用人单位在面试时采用的方式、方法很多，依其内容、形式可进行以下划分：

1. 按面试形式划分

（1）模式化面试

面试官根据预先准备好的询问题目和有关细节，逐一进行发问。其目的是了解应试者全面、真实的情况，观察应试者的仪表、气质、谈吐和举止行为，以及沟通能力等。

（2）项目式面试

即由面试官提出一个或者一项计划，请应试者予以完成或解决。其目的是观察应试者在特殊情况中的工作态度、表现情况，并判断应试者解决问题的能力。

（3）闲聊式面试

即面试官海阔天空地与应试者交谈，尽量活跃气氛以使应试者自由发表言论，在交谈中观察了解应试者的能力、知识、谈吐和风度。

（4）加压式面试

即面试官有意识地对应试者针对某一问题连续发问，不仅详细，而且步步紧逼，追问到底，直到应试者无法回答。有时甚至有意刺激应试者，观察应试者在突如其来的压力下能否做出恰当的反应，以了解应试者的机智程度和反应能力。

2. **按面试内容划分**

（1）行为面试

即面试官在通过其他途径对应试者已有较多了解的基础上，直截了当地、有针对性地提出应试者做过或将来可能从事的重要工作，也可能涉及未来职位所需个人能力方面的具体问题，以考查应试者的逻辑思维能力及把握时间、合理配置计划的能力等。

（2）状态面试

这种面试与行为面试有紧密的关系，面试官提出的问题比较具体，往往和应试者在工作中的具体行为有关，而且会被问及为什么这样做，以观察应试者的处事能力和协调组织能力。

（3）特长面试

如面试官用外语同应试者会话，以了解其外语水平。或面试官当场命题，由应试者写段文字，以考查其文字能力、书法水平；或请应试者即兴演讲，了解其语言组织能力与口才等。

（4）间接面试

这是一种特殊的考查方式，采用电话交谈方式，询问应试者在自荐书或推荐表中所涉及的内容，以考查应试者是否具备胜任某项工作的基本能力和技术，或应试者能力与简历描述是否一致，以及应试者与他人沟通的能力。

3. **按参试人数划分**

（1）主导式面试

面试官在两人以上时，需确定一位主试人。事先准备好要提出的问题，面试时由主试人发问（内容同模式化面试，只是面试官人数不同而已）。

（2）“围攻式”面试

即由多人组成的面试组同时对一个应试者提问，从不同角度提出不同性质的问题，以考查应试者对各种问题的认识程度及思维应变能力。

（3）讨论式面试

即面试组与多个应试者就预先拟出的题目展开讨论。讨论由面试官主持，或请应试者轮流主持。在将近结束时，即兴出题，引导应试者讨论、辩论甚至争论，使之充分发表意见，以观察其人际交往、把握讨论动态及处理不同意见等方面的能力。

(4) 集体式面试

即招聘一方由多人组成面试组，另一方是众多的毕业生，通过提问和对话，当场比较优劣，每个应试者都可估计出自己的面试效果。

以上分类是在一般情况下的划分，在实际面试中，可能只采用一种方式，也可能同时采用多种方式。

（二）面试的特点

1. 综合性

通过面对面进行交谈、答辩和观察应试者对问题的判断反应，对应试者的应变能力、实际操作能力、公关协调能力、解决问题能力、创新思维能力以及为人处世、举止仪态、气质风度、兴趣爱好、脾气秉性、道德品质等，都能做出多方位的考查评定。

2. 实效性

面试可以弥补笔试“高分低能”的不足，可以通过实际操作直接考查应试者的技术能力和专业水平，提高人才选拔的质量和效果。

3. 直观性

俗话说，“是骡子是马牵出来遛遛”。面试是用人单位对应试者的面对面考查，具有直观性。通过面试，用人单位可以对应试者的个性、爱好、特长、动机、愿望、能力、谈吐、仪表等做出综合判断、客观分析与公正评价。

4. 针对性

面试可以根据不同的应试对象有针对性地提出各种不同的问题，以便使考查更科学合理，避免人才选聘中的盲目性。

（三）面试必须重视的问题

面试是求职过程中的重要一环，对于应试者获得所希望的工作具有非同小可的影响。尽管应试者的资历、知识、能力、品德和身体是求职的基本条件，然而应试者在面试时的外表、举止、谈吐、性格等表现，也直接影响求职的成败。应试者要想在面试中有出色的表现，就要做好必要的准备，不打无准备之仗。

1. 确定面试的三要素（3W）

面试前一定要明确三个基本要素：时间（When）、地点（Where）、联系人（Who），否则就很容易出岔子，不是弄错时间、场所，就是去了却不知道找谁，到处乱问，影响面试的心情。一般情况下，招聘单位会采取电话通知的方式，万一没听清，要很和气地请求对方将刚才的要求重复一遍，在对方讲完后要立即表示感谢。

2. 面试前的心理准备

做好面试前的心理准备就是要正视自身，肯定自己的优点，认清自身存在的不足。如果自暴自弃，过低估计自己，会使用人单位感到你没有才能。其实，应聘面试的命运不单单只掌握在对方手里，也在自己手里。从用人单位的角度看，你是在接受审视，看你是否符合聘用要求。换个角度看，对方也在接受你的考查，看其条件能否吸引你。双向选择，要以自然、平等的态度应答交谈，不论双方身份、地位如何，人格是平等的。不论面对的是何人，都应落落大方，表现出思想上成熟、气度上稳重。如果过高地估计自己，趾高气扬，会使用人单位反感。因此，既要有热情、诚意，又要保持不卑不亢的从容态度，才会给用人单位留下好印象，从而促使其认真考虑对你的取舍。

3. 面试的资料准备

俗话说："知己知彼，百战不殆。"应试者在面试之前要广泛地收集有关用人单位的信息资料，如单位的性质、隶属关系、机构设置、经营或事务范围、管理体制和管理状况、人员组成状况、工作内容、单位的背景资料、业务发展前景、用人机制和策略等，做到胸中有数、沉着应对。占有的资料越充分可靠，对自己的面试越有利。

与此同时，还要准备好个人的必要材料，带好简历和有关材料。不要认为已经送过简历，就不需要携带，有备无患总是没有坏处的。例如，某大学会计系的几位同学到会计师事务所面试，面试官告诉他们，由于某些原因找不到他们的简历了，问是否可以再提供一份。当时只有一位同学带了，结果只有他一人被录用。

记住随身携带笔和笔记本。也许有一些东西需要记录下来，如对方的姓名、联系方式等，或者对方介绍单位情况的内容。同时，把面试官所说的话记录下来，对对方也是一种尊重，这会使对方感到高兴。

4. 面试问题的准备

一般说来，面试官向毕业生提出的问题可能是多方面的，很难做到尽在预料之中。但是，只要有所准备，就可以将面试常见的问题适当归类，做到应对自如。

面试中提出的问题是多种多样的，但常见的普遍性问题归纳起来不外乎以下八个方面：

(1) 自我介绍

这是面试中较随便的问题，面试官为了了解"你是谁""你的真实情况怎么样"，同时为了消除你的紧张心理，通常作为第一个问题。面试官已经注意到你是否按时到达、着装是否得体等。现在，你得用语言使自己留下好印象。

这个问题看似随便，但必须遵循“简洁、清晰、客观”三个原则，针对所聘职位的要求，突出重点，在两分钟内介绍你受教育情况、有无实践经验、有何成绩和特长，并引申说明你为何认为自己适合、胜任这份工作。

自我介绍不要从出生开始，平铺直叙谈到现在毕业，只谈目前学校接受教育的情况即可。因为对方只想知道他们感兴趣的东西，所以自我介绍环节更重要的是通过你的介绍来判断你的概括能力和表达能力。

自我介绍要开门见山，简单扼要，突出个性。为加深印象，可适当幽默，使气氛更加融洽。如介绍姓名，可运用“联合记忆”法：“我叫张亮，张飞的张，诸葛亮的亮。姓名中体现‘有勇有谋’。”对方认为你幽默风趣，更易记住你。

（2）对应聘单位的了解

这个问题，主要是通过你对应聘单位的了解和关注程度，来考查你对求职的诚意。或者暗示你，本单位福利待遇并不高，工作比较辛苦，试探你是否有精神准备。

回答这个问题应坦率，知之谓知之，不知谓不知，免得东拉西扯、胡乱猜测、闹出笑话。对用人单位来说，重要的是通过你的应答，表明你的求职意愿是寻找合适的工作，并不挑肥拣瘦。

即使对该单位比较了解，回答时也应巧妙地绕开“单向索取”的不良印象，例如可说：“我做过一些调查，较详细地了解了贵公司的发展战略、奋斗目标、工作成就及工作作风等，例如……”间接地表现出对所聘单位和职位的渴求，给人以“未进单位门，便是单位人”的感觉，容易引起对方的关注和好感。但用人单位到学校面试，一般时间很紧，毕业生无从更多地了解，可实事求是地说明了解的情况，也会取得用人单位的认同。

（3）自己愿意到应聘单位工作的原因

这是要求你回答应聘的理由，应当联系用人单位的工作性质、工作特点、工作环境与自己的专业、技术、特长等方面，从如何有利于专业发展和发挥专业特长，为单位多做贡献的角度叙述。如果你的兴趣爱好与用人单位性质相宜也可以谈及，但不宜说“贵单位效益好、收入高”，或“本人性格内向，贵单位工作相对稳定”，或“离我家较近”等，这样显得理由不充分，缺乏求职兴趣和热情，并有“不讲奉献，只求报酬”之嫌。

（4）自己的优点和特长

你可借此机会，按照应试职位的要求恰当地展现自己，但一定要把握职位特点和要求。如应聘会计职位：“我的特长是英语口语较好，优点是热情开朗，喜欢和人打交道，喜欢旅游和运动”；“特长谈不上，优点是心直口快，待人热情”。这样的回答，平常看上去并非不对，但在这里就显得答非所问，甚至与会计工作的内在要求不相符合。热情开朗、心直口快可能会引起用人单位的疑虑和担心。如果说“本人的优点是好静、稳重、办事认真，特长是计算机操作能力较强”，或者是“我比较注重专业能力的培养和提高，无论是理论学习还是实习都能钻研业务，专业成绩较好”，这些都符合会计职位的性格要求和工作要求，体现出从事会计工作的潜在实力和长远打算。

有机会表现自己的技能，也不宜放过。如获过什么奖、有什么成果、取得什么证书等，一旦涉及，则及时奉上，用事实说话，比空口无凭可信。同时，可做一些适当的演示，如应聘财会工作，可借机表现珠算指法和灵活操作电脑的技能；应聘广告、宣传工作，可当场泼墨，显示绘画、书法等技巧；应聘外贸工作，可展示流利的外语对话；等等。以引起用人单位的关注。

（5）自己的弱点和缺点

这是一个常常被问及的很难回答而又不能不回答的问题，难就难在一般人难以对自己做出一个客观的评价。即使能客观评价自己，又怕缺点和不足谈多了，用人单位会舍你而去。其实，这种担心都是多余的。因为问及这一问题时，一般说来是对你已经产生了兴趣和关注，即所谓“褒贬是买主”，此时回答问题的态度比回答更重要。人非圣贤，孰能无过？没有缺点的人，是不存在的，最好的办法是坦然承认，但要巧妙地回答。比如，“你为什么要留级一年?”应诚实地回答：“我也觉得留级不应该，当时我是社团负责人，投入到社团活动上的精力太多，忽视了学生的本分，等我觉察到时已经留级了。虽然社会活动带给了我不少收获，可是每想到自己因此而留级，就觉得很惭愧。我一直为此耿耿于怀，更不愿重蹈覆辙。”这样，很容易使面试官认同你的情况，心存好感地听下去。

应试的目的是求职，不但要能正确地认识自己，还要深入地了解用人单位的要求，针对职位要求，有针对性地回答。如果说“我的适应性较差，不善于处理人际关系”，“我的缺点就是散漫，不愿受约束”等，这些回答虽然直率坦诚，但对某些职位可能是致命的缺点，绝对不能录用。

作为缺乏实践经验、社会阅历较浅者，可以联系毕业生的共同弱点，再结合所学专业的发展趋势讲自己知识结构、专业技能面临的挑战及个性中存在的缺憾，如“过分追求完美，开拓精神不足”，“过于追求工作效率，小心谨慎不足”等，讲那些表面是缺点但对某项工作又有益的个性。相当于说“我很丑，可是我很温柔”，“我很笨，但是我忠于职守”等，既体现了谦虚好学的美德，也正面回答了这一难题。

（6）今后的打算或工作目标

招聘者常常用这样的问题来考查你是否具有上进心，是否有志向，并由此看出你的追求目标与他们的期望是否符合。如果你有具体的事业目标，讲述一下通常是有利的，但要说得有理，切忌心比天高、好高骛远。如果你对用人单位已有所了解，最好判断你的追求目标与其期望是否对应。当双方意向一致时，你可以信心十足地进行阐述。即使你对自己的将来不能确定，也应讲清楚不断努力、获得发展进步是你的追求，这是很重要的，要说得清楚，说得生动，才有说服力。

（7）自己在经济上的要求

对这个问题不宜说："金钱对我不那么重要，机遇才是我关注的。"因为人人都懂得：金钱不是万能的，但没有金钱是万万不能的。金钱的重要不仅在于它如何来支配生活，而且在于表明这份工作的重要。双方出于不同的考虑，对此问题都很敏感。

毕业生不宜主动提出工资待遇等问题。如果对方已提出则可以坦诚地回答。应当确定大致范围，既不能太高，又不能太低。太高会使对方觉得你不知天高地厚；太低又会显得你对自身价值的信心不足。

这里，有两个问题需要掂量：你想要多少钱？他们会付给你多少？有三种途径可供选择：一是市场参考价。要留意当地人才市场的行情，一般有最低价、最高价和平均价。二是向往届生了解。同校同专业往届生的薪资待遇可能对你来说更直观、更实用一些。三是招聘单位中与自己同类型员工的平均薪资水平。但是，应该注意，专业相同、能力相同的两位毕业生，在不同的地区、不同的行业和不同的时期可能会有不同的薪资水平，如沿海地区高于西北地区，发达地区高于欠发达地区，有时这种差异甚至很大，在评估自己的薪资水平时一定要充分考虑，在此基础上巧妙地表达出你的意愿。

（8）自己需要了解的其他问题

当面试临近尾声，面试官会询问你是否有问题要问，暗示着面试将要结束，对方的目的已达到，正给你一个自由的机会来阐述或提出前面没有涉及而你认为有必要的事情、问题。如果你说"没有"，那就犯了一个大"错误"。

另外，用人单位可能还会问到你的社会实践经历、所学的专业、专业技能训练及有关个人情况，如个人简况，个人的强项、弱项、爱好、特长等多方面的内容。作为应试者应提前准备好，做到有备无患。

（四）面试应对技巧

1. 面试注意事项

应试者在进入面试考场前，先关掉手机。虽然当着面试官的面关掉，更可显出你的诚恳，但是不少人由于过分紧张，难免会忘记。在进入面试考场的时候，面试就已经真正开始，毕业生的每一个细节都暴露在面试官眼中。

（1）文明应答

进入面试室，一般应先轻轻敲门，敲门以两次（每次三声）为宜，不可太用劲。进门后转过身正对着门，双手轻关门。然后微笑致意或鞠躬致礼，走近面试官主动问好，如“您好！非常荣幸，接受您的考核”等，以拉近心理距离，融洽关系。如果没有示意让你入座，不要急于坐下。请你入座，要表示“谢谢”。假如面试要稍等片刻才开始，要保持良好的坐姿，不要东张西望、频繁看表，切忌做不雅动作（如擤鼻涕、抠鼻孔、掏耳朵、搓泥垢、剔牙齿、打哈欠、照镜子、挠头摸脑、抖腿踮脚、跷二郎腿等）。

（2）注意仪表

在对方讲话时，要用微笑的神态注视着对方，必要时适当表态，或点头或含笑或用呼应语，以示理解、配合以及对面试官的赞赏。回答问题或交谈时，要显得真诚、亲切、从容自然；要谦逊客气，语气亲切平和，口齿清晰，语速适中，声音洪亮，表达得体。当对方宣布面试结束时，应当起身道谢，不要再啰哩啰唆，补充几句，也不要再提什么问题（如果言犹未尽，可在事后写信说明或相约回访）。出门时再次致谢，及时退场，并将门轻轻关上。

（3）双手递物

在面试中递物或接物是常有的事情，应当用双手递物、接物，表现出恭敬和尊重的态度。递物时要注意，文件、资料等要正面顺对接物方，如果是尖利的物品，要将尖头朝着自己，而不能指向对方。接物时不能漫不经心，尤其是接受被退回的自荐书等求职材料时，不管是否被录用，都应在双手接物的同时，点头示意或道声“谢谢”。

（4）注意细节

一个人的行为细节可反映出其综合素质。一些用人单位特别注重对应聘者的举止、细枝末节的观察，甚至有的单位刻意设计，进行考查。如有一家企业，在面试室门前放了一把似乎是自然倒下的扫帚，观察应试者的反应：看到倒在地上的扫帚自然扶起放好的为“优秀”，表明此人有良好的行为习惯；能注意细节，面试后临走时扶起的属“良好”，因其在面试前有点紧张，此时疏忽尚可谅解；对扫帚视而不见的为“最差”，首先被淘汰。有的单位会无意中观察到一些细节，如一中专女同学到外企应聘被拒绝，她无奈地收回履历，致谢后准备退场。就在手扶椅子站起时，觉得手被扎了一下，看了看手上流出了血，发现是椅子上一枚钉子露出来了，她便将钉子敲平，转身离去。事后，她被录用了。“做小事成大器，拘小节显素质”，已成为不少用人单位考查和用人的信条。

2. 面试技巧

面试成败的关键往往在于面试官是否欣赏毕业生，而不在于毕业生是否胜任所聘职位。是否胜任的问题是对未来的判断和预测，只能靠实际工作表现来决定；是否欣赏却是对眼前人的真实感觉。因此，所谓方法和技巧都应该围绕这个目标进行。

（1）自我介绍的技巧

自我介绍在面试中是最常见的。一般面试官在问询和讲话之前，常常会先让应试者做一番自我介绍。为此，要做好充分的准备，争取使自己的自我介绍能给面试官留下深刻的印象，并为后面的面试做好铺垫。

一要简明扼要，条理清晰。究竟向面试官介绍什么、他们对哪方面的内容感兴趣、用什么样的表达方式、占用多少时间等，事前要认真考虑，实事求是地概括反映出自己的主要经历、主要特点和应试想法等。口试的题目，许多是预先准备好的。也有即兴提问的，尤其是一些“刁钻”问话，往往是有“弦外之音”的，应试者首先必须弄清题意，切中要害，针对问题的实质进行回答，不能偏离中心而“信天游”。要力求简洁明了、思路清晰，让面试官对应试者产生浓厚兴趣。

二要诚实谦逊，避免炫耀。应试者对自己的业绩不宜过分渲染，用渲染业绩的办法求职会让面试官觉得应试者不够谦虚或华而不实。不宜在自我介绍时把所有“闪光点”和盘托出，否则就会有虎头蛇尾之感。如果把一些成绩留在后面再说，会给面试官以含而不露的美好印象，让其格外刮目相看。

三要注意反应，适当调整。面试官出于了解、考查应试者的目的，自然会注意应试者所做自我介绍的内容、语气等，也会对应试者的自我介绍做出反应。要注意观察面试官的不同反应，适时恰当地调整自我介绍的内容、方式和语气等。要学会发现面试官对什么内容兴趣度比较高，在后面回答时可以有所侧重。

（2）倾听的技巧

俗话说：“会说的不如会听的。”善于倾听对方说的话，是面试成功的又一要诀。首先要有耐心，对方讲话时，专注地倾听，不能“心猿意马”，表示出不耐烦的表情，也不能打岔。其次要细心，善解其意，通过对方谈话的用词、语调、表情、动作等领会真实意思或“弦外之音”。最后，对面试人员的讲话或提问，要有适当反应。如果对对方的提问不明确或不理解、没听清楚，可用婉转诚恳的语言请求重复一遍甚至解释一下，对一些不好回答的问题，你可以用“您是不是说……”“您刚才说的是不是可以理解为……”等予以变通或强化，待对方认可后予以作答。注意倾听别人的讲话，表现出对别人讲话的兴趣，适时做出理性的反应。要时有点头，表示自己听明白了；或不时面带微笑，表明正在注意听或引起兴趣。

要避免完全被动，长时间沉默。沉默寡言，会让人觉得应试者不善于表达。但切勿争抢面试官的半截话，要认真听完以后，再发表自己的意见。

(3) 回答的技巧

回答问题之前最好思考一下，审慎回答。要全面细致地加以考虑，注意不要自相矛盾，防止留有尾巴，让人揪住不放，穷追不舍。

回答时应当抓住要点，用条理化的方式来说明，这样能给人以思路清晰、头脑反应快、思维能力强、办事精明可靠的印象。不要太简略也不要太长，切忌只回答“是”“好”“对”“没问题”等字句，要完整并举实例说明。

一定要弄清题意再进行回答，不能对尚未听明白的问题凭猜想胡乱回答。如果你对问题未完全听懂或者不清楚面试官所提问题的意图，可以直截了当地询问：“可否请您再说明一下这个问题？”

回答问题要诚恳踏实。因为一般情况下老实、诚恳总会赢得面试官的好感，而过于夸耀和张扬，容易给人以浮夸、卖弄的印象。

要做到机智应变。毕业生在面试时，客观上处于被动地位，心理压力很大，面试成败往往取决于能否机智果断、随机应变。进入面试室要迅速判断面试类型，如果是“主导式”，就应把目光投向主试人，认真礼貌地回答问题；如果是“围攻式”，则应把目光投向提问者，逐一简明地回答提问，切不可只关注甲而冷落了乙；如果是“集体式”，分配给每个应试者的时间很短，事先准备的材料可能用不上，此时最好根据提问的内容，在脑子里重新组合材料，言简意赅地作答，切忌长篇大论。

要做到扬长避短。每个人都有自己的长处和不足，面试时要注意扬长避短。如性格外向的人容易给人留下热情活泼、思维敏捷的印象，但也会有不够稳重的特点，应答时可放慢语速，适当组织语言，不要反复讲某个话题，这样可以给人留下博学多才、见多识广的良好印象。性格内向的人则容易给人留下深沉有余、反应迟缓的感觉，在“讨论式”面试时，要力争早发言，并就某一重要观点展开论述，以消除不良印象。巧于行而讷于言的人，可实在而委婉地说明自己的长处和不足，用其诚恳实在的本色得到对方的信任。

冷静应对刁钻古怪的问题。提问中也许遇到“不怀好意”的提问，其真实用意在于让应试者受挫。有的提出特别尖锐的问题，考查其能否适应工作中的压力；有的提出让应试者左右为难的问题，考验其应变能力；有的提出一些没有道理的问题，考验其是否立场坚定、是否有主见。若是反唇相讥、恶语相向，那就大错特错了。应将计就计，表现出理智、容忍和大度。

准确判断问题的真实意图，对症下药。当面试官觉察到你不太愿意回答问题而又想有所了解时，可能采取声东击西的策略。面对这种情况，不要疏忽大意，更不能信口开河。

要避免过于直截了当和过于简单、草率地回答问题；还要避免过于迎合面试官，显得自己缺乏独到的见解和鲜明的个性；应当防止谦虚过度，有失诚恳。

（4）表达的技巧

面试的成功与临场发挥有密切关系，而临场发挥往往又在于表达的方式，在于把握如何表达才对自己有利。

语气要自信，口齿要清楚。要注意表达的语气、速度、吐字等，语速不宜太快，音调要适中，不可忽高忽低，声音要浑厚，有节奏感。要把自信心和感染力融入语句之中，展示自我的勇气、知识、智慧、风度、气质等。

要把握谈话时间、内容的分寸。有分寸和节制才能让人接受和亲近，从而留下美好的印象。

使用谦虚的、征询意见的话语，可以向面试官表明，他们在应试者的心目中处于受尊敬、受爱戴的地位。

可以利用健谈显示实力。如果对某个话题很熟悉，有新思路，又能以理服人，不妨使用一下健谈术，用以向面试官显露出一些才华，显示一点儿实力，以增强说服力。健谈不可一开始面试就用，而且最好只用一次，但不可忘乎所以。

巧妙地摆脱失言的窘境。当发现自己说错了话，对方有所觉察时，可以坦率地更正并致歉意；如果对方未予介意，也不必当即改口或中断发言。因为只要谈话继续下去，有的问题可以留在以后弥补，而且要设法挽救得巧妙、漂亮、不露痕迹。

不要有口头禅。即使遇到老乡也不要说方言。更不要中外文混用。

（5）眼神的技巧

在面试过程中，应密切注视着面试官。应试者的目光，应当平稳地看着面试官，一般落在额头以下、胸部以上的部位，主要在眉眼周围。但不要目光呆滞、长时间地死盯着别人眼睛或鼻子等一个地方看，这样会使人感到很不舒服。

目光和声音要同时与面试官交流。一方面是要通过眼神了解面试官，从面试官的眼神中获得理解、信任，把握面试官的个性；另一方面是应试者传达自己的愿望、真诚和自信，使面试官从眼神中了解应试者。

当面试官为多人时，考生需要用环顾的方法，照顾到“全视野”内的面试官，以使每个面试官都感受到你在同他说话，满足他们要求注意和尊重的心理，并提高他们对你的兴趣。

如果某位面试官突然用目光注视你，那么就应该主动与其保持接触，做出期待与其交流的样子，以促进应试者与面试官之间的融洽。

（6）提问的技巧

面试官提及你是否有问题时，一定要把握机会发问，以表现自己对这份工作的强烈兴趣。可以通过提问展示自己事先对用人单位和所应聘职位的了解，体现自己的与众不同。

但是最好只就工作内容、人事规章等重要的问题发问，要克制自己的表现欲，不宜提问过多，不要离题太远，要适可而止。在面试过程中始终不要忘记自己的位置，要意识到自己正在接受面试。

（7）结束的技巧

面试时不可频频看表，当然也不要主动提出告辞。当面试官示意面试结束时，最好与之配合结束面试，任何拖延时间的意图与举动都是不明智的。

不要以为面试结束了就可以随便，事实上机会无处不在。某单位的王小姐整个面试自我感觉很一般，只是在握手道别时，她告诉面试官：“没进来和刚进考场时，我希望三分钟就结束面试，而现在我却希望有更多的时间向各位领导请教。”进入单位后才知道，正是最后这句话给面试官留下了深刻的印象，于是就给了她“继续请教”的机会。所以一定要做到善始善终。

面试结束时，应试者应保持微笑，自然站起，为占用面试官的宝贵时间和得到面试的机会而向对方致谢；还可以赞扬面试官在面试过程中使你获益的某个特殊观点；然后与面试官道别。但是仍然不要主动与面试官握手，除非面试官主动伸手。

整理好自己的物品，千万不要丢三落四。走到门前，转身正面朝向面试官再次表示感谢和再见，之后开门、退出，并轻轻地带上门。

离开前，记得对引导、接待的工作人员表示感谢。这除了表示对他们工作的尊重，也显示出了你的良好的个人素养，留下好的印象。如果最终被录用，这些人都将成为领导或者同事，良好的礼貌能为将来的工作提供一个好的开端。

第三节　求职材料的准备

一、求职简历

（一）求职简历的类型

常见求职简历的类型包括：纸质简历、在线简历、新媒体简历等。不同类型的简历，其内容大致上一致，但也存在一些差异。

1. 纸质简历

纸质简历是求职者为了让用人单位了解自身情况，用文字将个人基本信息等求职内容展示在纸上，是求职者向用人单位证明自己能够胜任所申请岗位的依据。简而言之，纸质简历是写着“自认为必要及必须告知他人的求职应聘信息”的材料。纸质简历的内容结构、风格设计及封面制作等多种多样，求职者可进行个性化的设计与制作。

2. 在线简历

在线简历指求职者在应聘时通过网申系统填写提交的电子简历，即求职者直接在用人单位招聘主页或第三方专业招聘网站的申请投递页面，按照所提供的固定格式来填写的求职简历，也有部分用人单位要求填写其设计好的信息表格后再上传电子版（一般为 word 文档）个人简历。

3. 新媒体简历

随着互联网的发展，用人单位为节约招聘成本，招聘方式也在发生变化。随着微博、微信等即时通信工具的普及，不少用人单位已采取“微博招聘”“微信招聘”等招聘方式。新媒体简历主要包括“微博简历”和“微信简历”两种形式。“微博简历”主要是指求职者通过微博平台向用人单位投递的简历；“微信简历”主要是指通过微信平台向用人单位投递的简历。

（二）求职简历的格式

1. 表格式简历和条目式简历

简历格式一般有表格式和条目式两种。到底采用何种形式，需根据求职者本人的实际情况来决定。①表格式简历通过表格的形式展示求职者的基本情况，简明清晰，易于阅读，比较适合应届毕业生。②条目式简历不受表格限制，容量较大，可以根据实际情况展示求职者的资料，比较适合有一定工作经历的求职者，也适合需要展示较多资料的应届毕业生。

对应届毕业生来说，简历的篇幅最好控制在一页纸以内。

2. 字体和字号

在简历中，小标题可以用黑体，而正文部分一般采用宋体。可以适当用粗体来进行突出强调，应尽量避免过多使用不同字体。

3. 排版

求职简历以一页为宜，且不宜将内容安排得太满，让简历看上去密密麻麻。可以用统一的项目符号使每个标题或内容对齐。这样能让招聘者在审阅简历时眼睛舒服一些，不至于太吃力。

4. 用纸和打印

如果需要提供纸质简历，建议使用 80 克以上的 A4 纸张打印简历，尽量不用复印的简历，以免影响效果。

（三）简历的内容

简历的正文一般由七个部分组成，即基本信息、求职意向、教育背景、社会实践经历、获奖情况、职业技能和自我评价。求职者可结合自己的背景和特点，对各部分内容及排列顺序进行调整，不是所有项目都必须涉及。

1. 基本信息

基本信息一般包含姓名、性别、出生年月、政治面貌、家庭住址、联系电话、电子邮箱和照片等内容。婚姻状况、家庭地址、身高和体重等较为隐私的信息，可根据用人单位的招聘要求有选择地填写。

2. 求职意向

求职意向也叫求职目标，它是求职简历的灵魂。简历中对自己的能力、经历等的介绍都是针对特定的求职意向而设计制作的。如果有多个求职目标，最好分别撰写不同的简历。求职意向越具体、针对性越强，获得面试机会的概率越大。

求职意向应做到语言精练、概括性强，避免含糊笼统、无针对性。求职意向可通过浏览中华英才网、智联招聘网、前程无忧网等国内著名的求职门户网站，搜索具体职位或岗位名称的准确提法，规范填写。

最佳的求职意向写作方法应该是“行业+职位名称”，或者是精准的职位名称。

3. 教育背景

正规的学校教育、自我提升和学习经历、参加专业机构的培训等内容都可以在教育背景中说明，内容最好与所应聘的工作职位相关。

具体可以包含以下信息：①时间/学校/院系或专业/学历（原则为匹配、重点突出、简洁）；②主干课程（选列课程的主要原则：所学课程与申请岗位对应，分数很高的专业课程要写明）；③其他亮点（个人成绩，取得的成就等）。

4. 社会实践经历

这部分是简历的重点。按倒序排列出求学阶段所担任的职务，以及在各种实习中承担的工作，包括校外的兼职、实习经历和校内社团等实践活动。

在描述实践经历时，切忌含糊不清，一定要将自己的具体工作内容明确地描述出来。对实习经历，最好用一两句话概括自己的最大收获。

5. 获奖情况

这部分包括学生时代获得的所有荣誉及各类证书，如三好学生称号、优秀学生干部称号、奖学金，以及技能竞赛所获奖项。可根据获奖时间顺序进行排列，也可按照奖项的级别从高到低列出。

无任何工作经验的应届毕业生应着重列出此项，这有可能成为简历的亮点。

一定要注意“相关性”原则，突出对未来工作最有用和与之最直接相关的获奖情况，从格式版面上做到清晰有序、层次分明。

6. 职业技能

应该让招聘者从简历中了解自己所具有的各种能力。技能描述一般分为三个方面：英语、计算机及专业技能。

7. 自我评价

求职者在写自我评价时，可以先回顾一下自己的工作经历，思考自己在以前的工作中所积累的工作经验，然后再挑选出与所投递岗位的要求比较吻合的性格特征、职业素质及工作能力等，写在自我评价中，以突出自己的优势。

（四）简历的制作步骤

根据简历的组成要素，按以下步骤就可以制作一份较为规范的简历：

1. 明确求职目标

求职前应明确自己的职业定位及求职目标。

2. 强调自身核心竞争力

通常求职者应将最具竞争力的内容放在简历中的明显位置，即求职目标之后。

3. 陈述工作经历

工作经历一般放在教育背景前，但应届毕业生应将其放在教育背景之后。陈述时一般采用倒序写法，将工作单位、部门、职务一一表明，并描述工作职责和业绩成果。

4. 阐明教育背景

说明毕业院校、专业、学位和主要成绩等，详细程度视求职者的核心竞争力而定。对于没有工作经验或跨专业的求职者来说，为了尽量丰富教育背景，还可将与应聘职位相关的课程列出来，使求职简历更加充实。

5. 发掘成功潜质

当求职者既无丰富的工作经验，又无良好的教育背景时，则可考虑从个人生活经历中提炼应聘职位所需要的素质，并凸显在简历中，以证明自己能够胜任。

6. 检查与评估

从应聘企业、岗位要求、个人发展三个角度评估制作完成的简历，要从头至尾仔细检查，确保简历内容完整、逻辑清晰、拼写无误。

二、求职信

求职信和个人简历一样，是求职者求职时不可缺少的应用文书，是进入面试的有效通行证。一般来说，求职信更针对应聘单位指定的个人，如公司或企事业单位的负责人等。求职信常以突出的个人特征与求职意向打动招聘者。

（一）求职信的作用

1. 表现自我，求得录用

表现自我，求得录用，是求职信的基本功能。要实现求职目的，就必须扬长避短，突出优势，在众多的求职者中崭露头角，以自己的某些特长、优势、技能等吸引用人单位。

在向知名企业，特别是外企或500强企业求职的过程当中，一封出色的求职信是必不可少的。一封体现个人才智的求职信，能帮助你顺利得到面试机会，谋求一份理想的工作。求职者需要仔细考虑自己写求职信的目的及其可能产生的影响。

2. 沟通交往，意在公关

求职信是求职者和用人单位之间的沟通桥梁。通过沟通，在相互认识、交流的基础上，实现相互交往，是求职信的基本功能。通过相互交往，求职者才可能展示才干、能力、资格，突出其实绩、专长、技能等优势，从而得以录用。因此，求职信的表现力非常强，对给用人单位留下良好印象有重要作用。

（二）求职信的格式

求职信是一份正式的公文，有固定的格式和习惯用语。一般来说，一份完整的中文求职信分为标题、称谓、正文、结尾、署名和日期、附件六个部分。

1. 标题

求职信的标题通常只有文种名称，即在第一行中间写上“求职信”三个字。

2. 称谓

称谓是对收信人的称呼，写在第一行，要顶格写收信者单位名称或个人姓名。单位名称后可加“尊敬的××部门负责同志”，个人姓名后可加“先生”“女士”“同志”等。在称谓后写冒号。

求职信不同于一般私人书信，求职者与收信人未曾见过面，所以称谓要恰当、庄重。

3. **正文**

正文要另起一行，空两格开始写求职信的内容。正文内容较多，要分段写。通常，求职信的正文要包含以下三个方面的内容：

（1）写求职的原因

首先简要介绍求职者的个人信息，如姓名、年龄、性别等。接着要直截了当地说明从何渠道得到招聘信息以及写此信的目的。

（2）写对所谋求的职位的看法及对自我能力的评价

对所谋求职位进行评价，并对自己的能力做出客观公允的评价，这是求职的关键。要着重介绍自己的有利条件，特别要突出自己的优势和“闪光点”，以使对方信服，从而获得参加面试的机会，为求职成功奠定良好的基础。

语言要中肯，恰到好处；态度要谦虚诚恳，不卑不亢。最好能达到见字如见其人的效果，给收信者留下深刻印象，进而相信求职者有能力胜任此项工作。

（3）提出希望和要求

提出希望和要求要适度、得体，态度要谦逊、诚恳。大学生求职者可以在这一部分表达自己对获得面试机会的渴望，例如，“希望您能为我安排一个与您见面的机会”，或“盼望您的答复”，或“敬候佳音”等。这段属于正文内容的收尾阶段，要适可而止，不要啰唆，不要苛求对方。

4. **结尾**

另起一行，空两格，写表示敬祝的话，例如“此致”等，然后换行顶格写“敬礼”，或“工作顺利”“事业发达”等。这两行均不加标点符号，不必过多寒暄，以免画蛇添足。

5. **署名和日期**

写信人的姓名和成文日期写在信的右下方。先写姓名，成文日期写在姓名下面。姓名前面不必加任何谦称的限定语，以免有阿谀之感，或让对方看轻你的能力。成文日期要年月日俱全。

6. **附件**

有说服力的附件是对求职者的鉴定凭证，所以附件是求职信不可忽视的组成部分。

附件可在信的结尾处注明，然后将附件的复印件单独订在一起随信寄出。附件不需太多，但必须有重点，有分量，足以突出和证明你的才华和能力。

（三）求职信的写作技巧

（1）求职信不能长，但是要有特色。在求职信中要重点突出你的背景材料中与未来雇主最有关系的内容。

（2）言简意赅，有条理，切忌面面俱到。

（3）字迹工整，文字通顺，不能有任何错误。

（4）确定求职目标，实事求是，切忌过分吹嘘。

（5）突出重点，有特色，有个性，不落俗套，同时让人读来觉得亲切、自然、实实在在。

（6）在求职信正式发送之前，让身边的人帮助修改。

（7）要谦虚，同时也要有自信，表明乐于合作与奉献。

（8）以情动人，以诚感人，建立联系，争取面试机会，不提待遇。

三、其他求职材料

（一）就业推荐表

就业推荐表是学校对毕业生在校期间综合情况的证明。由于毕业生在寻找工作时尚未毕业，它还是毕业生向用人单位证明自己毕业生身份的有效证明。

就业推荐表在形式和结构上是固定和统一的，由学校统一发放。就业推荐表一式三份，签约完成后由用人单位、学校和毕业生各存一份。

就业推荐表在求职材料中具有十分重要的地位，它是学校为毕业生特别准备的求职材料，具有权威性，能够实事求是地反映毕业生的综合表现，用人单位对此有较高信任度，把它放在求职材料中可以增加求职信息的可信度。

因此，填写就业推荐表是一件十分重要的事情，需要高校毕业生严肃认真对待，确保填写规范。填写的具体要求如下：①用黑色（蓝黑色）钢笔或签字笔如实填写，字迹要清晰端正，无错别字，无涂改；②要认真阅读“填表说明”，按要求填写；③照片用小一寸的免冠证件照片（彩色、黑白均可，以彩色为佳）；④“求职意向”由毕业生本人根据自己的实际情况填写；⑤“院系推荐意见”一栏由毕业生所在院系负责人填写（或指定人员具体负责填写），加盖所在院系公章。推荐意见要概括地、实事求是地反映和评价该生在校期间德、智、体、美、劳等各方面的表现，突出其优点、特点，不足之处用提希望的形式指出；⑥以班或系为单位到学校就业办加盖“同意推荐”章及学校公章。

毕业生在双向选择的过程中，可以使用推荐表的复印件进行自我推销。只有在与用人单位签订协议时，才需要向用人单位提交推荐表的原件，因此一定要保管好推荐表。

（二）学习成绩单

学习成绩单记录大学期间所学课程（包括选修课）的成绩，由教务部门盖章，供用人单位真实地了解学生在校所学课程和学习成绩。

（三）相关证书

证书是证明求职材料的真实性和求职者各种能力的有力佐证。

1. 学历证书

包括毕业证书、学位证书、各类学历证书和结业证书。

2. 荣誉证书

包括“三好学生”“优秀学生干部”“优秀团员”“优秀毕业生”等荣誉证书，各类奖学金证书，校级以上社会实践、征文比赛、文艺演出、体育运动会、社团活动等各类活动的获奖荣誉证书等。

3. 能力证书

包括英语等级证书、计算机等级证书、驾驶证、职业资格证等。

为防止证书在投递过程中丢失，可用复印件，一般用人单位在决定是否录用时要检查原件，所以原件一定要妥善保存。

（四）其他材料

一般是指在正式出版物发表过的文学作品、科研论文、美术设计作品、音像作品、摄影作品及各类小制作、小发明等材料。这些材料也是毕业生的拳头产品，是敲开用人单位大门的有力武器。

思考题

1. 仪容仪表礼仪及求职礼仪分别有哪些？
2. 面试准备的主要内容有哪些？
3. 面试着装应遵循什么原则？
4. 面试语言应注意哪些细节？
5. 分组扮演招聘者和求职者，进行面试模拟训练。

第六章　职业适应与职业发展

单元导读

挥手告别大学校园，昂首步入社会舞台，是每一个大学生人生历程中的又一次重大转折。在这个重要的转折阶段，大学生最关心的莫过于更科学、更完善、更合理、更有价值地安排或优化自己新的人生旅程，最需要的莫过于迅速适应新的环境。实践表明，由学生身份向社会职业角色转换比较快的人，容易更早地获得单位的认可，更快地寻找到新的起点，也就更容易享受到事业成功和生活幸福的喜悦。

学习目标

1. 了解就业初期在适应方面会出现的问题。

2. 理解角色转换应遵循的原则。

3. 掌握面对新的环境培养良好人际关系的方法和新的工作岗位应注意的事项、能力目标。

第一节　就业初期的职业适应

一、大学生职业适应的表现

大学生进入社会，走上工作岗位之初，都是充满热情、干劲十足的，但是不久就会出现牢骚满腹、灰心丧气、工作得过且过的情况，这就是对职业角色不适应的表现。产生这些问题的原因是多方面的，如工作不能完全胜任、人际关系复杂、工作待遇不够理想等。

（一）职业适应的含义

所谓职业适应，也称工作适应，是指人们在职业活动中，对工作提出各种问题时的一系列心理过程，包括个体对工作环境、工作任务、工作活动的适应以及对自身行为和新的工作需要的适应。

（二）就业初期职业适应不良的表现

大学生离开校园，初到就业岗位，面对新的人群、环境及任务，总会有不适应的现象。

这期间的职业适应不良主要表现在以下几个方面。

1. 角色转换缓慢，依恋学生角色

大学毕业生刚走上工作岗位易出现怀旧心态，常常会自觉或不自觉地将自己代入学生角色来要求自己和对待工作，以学生的思维方式观察事物、分析事物，面对与同事、领导等较为复杂的人际关系及职业责任的压力，不禁会留恋相对单纯的学生时代。

2. 工作消极被动，缺乏自觉性与独立性

大学生一旦离开学校走向社会，就要承担起成人的职业角色，但其成人的自觉性和独立性还没有养成，工作上全靠领导安排，对自己的工作性质、范围、深入程度、人际关系还没有足够的认识，因此，在履行角色义务、遵守角色规范等方面还存在一定的差距。

3. 轻视实践，眼高手低

有些毕业生常以文凭、学位或毕业于名校自居，自以为接受了正规教育，已经学到了不少知识，是个人才，因此轻视实践，放不下架子，只想做高层次的工作，看不起基层工作和基层工作人员，甚至认为一个堂堂的大学毕业生干一些不起眼的事是大材小用，有失身份。这实际上是眼高手低，大事做不了，小事又不做。

4. 自卑退缩，不思进取

有些毕业生面对新的工作环境和生疏的人际关系，缺乏应有的自信，工作放不开手脚，特别是在知识分子密集的工作单位，看到别人工作经验丰富，驾轻就熟，相比之下，觉得自己这也不行那也不行，胆小、畏缩、不思进取、甘居人后，产生“不求有功，但求无过”的消极心理，这些均不利于其自身才能的正常发挥。

5. 心态浮躁，缺乏敬业精神

一些毕业生在角色转换过程中表现出不踏实、不稳定的特征：某段时间想干这项工作，过一段时间又想干那项工作，而对本职工作则坚持不下去；缺乏敬业精神，不能深入了解本职工作的性质、职责范围和工作技巧。

（三）试用期的职业适应

很多单位录用新员工都有三个月甚至更长的试用期，在试用期结束后用人单位会对新

员工的工作业绩进行评估，从而决定是否正式录用。为此，新员工需要从一开始就养成良好的工作习惯，这些习惯不但可以帮助他们度过最初的试用期，而且会让他们在整个职业生涯中受益。

1. 需要注意的事项

(1) 给人留下良好的第一印象

就像与人交往和面试的时候一样，第一印象是很重要的。例如：穿着要得体，不要太新潮；提早出发，以免迟到；无论对上司还是对接待员，都要友好；办事要有条不紊；用一本记事簿或者个人备忘录随时记录想法、人名、电话号码、E-mail 地址以及其他需要记住的重要事情。

①衣着整洁，仪态大方。仪表是职业形象的基本外在特征，是一个人文化素养的外在表现，端庄的仪表会给人良好的第一印象。不同性质的单位，对服饰仪表有着不同的审美标准和习惯。但是，无论从事何种工作，都应整洁、大方，顺应潮流，不能过于花哨时髦，过分新奇另类或不修边幅都有损自身形象。初到工作单位，要注意穿着打扮，衣服不一定要讲究高档、时髦，追求名牌，要符合自己的经济状况和现实身份。发型、化妆应简洁自然，切忌矫揉造作，注意生活卫生，始终保持积极向上的良好形象。

②待人接物，举止得体。刚到一个新单位，日常的待人接物、言谈举止都会给人留下深刻的印象。得体的言谈举止应该表现得亲切、热情、有礼貌、有理智、讲道德、讲信用。待人接物中，一方面切忌傲气、自以为是、目中无人、夸夸其谈；另一方面切忌过分谦卑、缺乏自信、过分腼腆、唯唯诺诺、手足无措。碰到一些新问题、新情况，要虚心向老同志、老师傅请教，学习他们的好方法、好经验。与人交谈时，应注意发现别人感兴趣的话题，不要太多地谈论自己，要善于倾听别人的言论，尤其注意不要随便打断别人的谈话。与人相处应不拘束、不卑不亢，并注意将倒茶、让座、接听电话等日常礼节做到位。

③工作负责，遵守纪律。一个成熟的职业人要有强烈的责任感做支撑，对自己的决策和行为负责。“干一行钻一行”，既然选择了这个职业，就要具备强烈的责任心，自觉遵守各项规章制度和工作纪律，不迟到，不早退。初到工作岗位，提前上班，稍晚下班，主动干一些诸如打水、扫地、整理内务的活，这是每个新上岗的人员都应做的事情。相反，迟到早退，行为懒散，不守约，不守信，就不可能赢得别人的信赖和尊敬。

④积极进取，踏实肯干。大学毕业生走上工作岗位后，首先要经历一个由理论到实践的过程。要注意将学到的理论知识积极运用到解决实际问题中。要注重从经验和实践中学习，不断提高自己分析、解决问题的能力。对待工作要认真负责，切忌懒散、浮躁、漫不经心，做事要善始善终，切忌丢三落四、虎头蛇尾。要任劳任怨，甘于奉献，不能因为某

些工作太脏、太累、太苦、太单调而持轻视态度。

⑤严守秘密，少说多做。有些保密性较强的单位对工作人员的纪律要求较严。到这些单位工作的大学生，应当严守机密，不要随便向外人透露内部情况，不要参与议论办公室的一些是是非非，不要混入到任何“办公室帮派”，平时在办公室不要议论和公司有关的任何事情，满意也好，不满意也好，都不要说三道四、过多议论。要知道，公司的决策权不在自己手里，作为员工，毕业生只需要把自己应该做的那份工作做好。

总之，良好的开端是成功的一半。尽管第一印象具有暂时性、表面性等特征，但是良好的第一印象的作用还是非常重要的，它有助于初到单位的大学毕业生站稳脚跟，有助于他们与单位其他职员融为一体，有助于其工作的起步与发展。当然，我们不能仅仅满足于良好的第一印象，更不能以极力伪装的所谓“良好的第一印象”来骗取别人的好感。“路遥知马力，日久见人心。”大学生更应当通过长期的不懈努力，以自己良好的内在品质、正直的为人和出色的工作成绩去建立更高层次、长期的良好印象。

（2）尽快熟悉自己的工作

要了解自己的新工作难免要花一些时间。但是，如果让别人看出来你完全摸不着头绪，只能增加自己在试用期结束以后被请出门去的可能性。而在满怀憧憬、表现欲强、工作热情高涨的积极心态的推动下，工作起来就会化压力为动力，出色地完成任务。这里要提醒的是，在一头扎入工作的同时，请放慢节奏，做好三项功课：

①熟悉公司内部的组织结构。包括公司有哪些部门，各个部门的职能、运作方式如何，自己所在部门在公司中的功能和地位，所在部门内同事的头衔和级别，公司的晋升机制等。了解了公司的整体框架，你就能初步明确自己在公司的发展前景，不至于只顾埋头工作而忽略了发展方向，能将被动地接受调动、工作委派和晋升变成主动地和有计划地争取。

②了解公司在行业内的地位。做完了第一项功课，你就该将眼光放得更远，关注公司的战略发展，比如公司是否属于行业内的领跑者，是否面临内忧外患、业绩下滑等情况。这样就能知道公司在行业内有哪些发展机会，自己能和公司一起走多远，你的三年、五年计划也就有了雏形。

③了解行业的发展状况。毕业生需要对行业进行宏观分析：本行业是朝阳产业还是夕阳行业？这样就能知道几年后自己积累的工作经验对职业发展有什么帮助。如果转入相关行业，还需要补充哪些技能。或自己可对哪些领域进行研究、谋求发展。你可以在工作中不断关注行业评论，听取前辈们的观点，逐渐深化认识。

把这三项功课做好了，才算是真正熟悉了自己的职务，工作起来才能有的放矢，更有计划性和目的性。否则，进入公司半年后还是懵懵懂懂，工作状态就会呈一条明显的“抛物线”，从积极主动到热情消失，满意度下滑，工作质量严重下降，最后只能辞职或者被请出门。

(3) 尽快融入新的集体

不能很快融入新的集体是大学生不能顺利度过试用期的一个非常重要的原因。

融入团队是一个双向互动的过程。具体说，就是既要让团队接受你，也要让自己接受所在的团队。要想不提前出局，你就必须采取行动，和同事建立良好的合作关系。而试用期的实质，就是给你一个规定的时间，让你通过自己的实践去完成这种互为接受的过程，并在这种过程中接受团队对自己综合能力的考察。

这不是说要你对别人过分地热情或者不停地和人家套近乎。你只要把他们当作普通人那样，对他们感兴趣就行了。在最初的几天，打开话题最好的方法是请别人帮忙。只要你让别人帮你做的不是那些你的本职工作必须了解的主要技术性事务，求人帮忙就不会让人觉得你能力低下。在他人的帮助下适应一个全新的环境并熟悉其中的规则是再自然不过的事，这同时也可能让你结交新的朋友。

另外，还要寻找团队归属感。归属感需要靠你自觉地与单位、同事、自己的工作建立一种微妙的情感链。这需要克服自身浮躁的心态，调整自身性格和习惯，找到融入团队的切入点，同时锻铸自己对团队的忠诚度，这样归属感就会形成、加固。一旦团队归属感建立起来，那么你不但有了精神依托，关键是有了与他人交流的地方，这无形中就使工作单位成了你的精神家园。

巧用“新”影响力。一是学会静观，不要盲目出击。毕业生要想通过“新”的表现，使自己尽快融入团队，要基于一个重要前提，就是看你的表现是否真的有新意、有影响力，是否发挥在最合理的地方，尤其是试用期。如果只是自我感觉良好，结果只会适得其反。二是要知道，好的影响力并不是完全通过表现来形成的，在很多企业单位，拥有广博的知识和较强的能力不一定会有影响力，恰恰是具有谦虚谨慎、孜孜不倦的求知精神的新人能够感染整个团队。谨记：敢想敢干值得肯定，但得不到团队认可的蛮干就会被否定，只有大家觉得你好才是真的好。三是要注意仪容和仪表的影响力。

(4) 将自己的声誉当作品牌来经营

响亮的名声能让毕业生变得十分出众和引人注目。声誉的建立不仅需要过人的能力，还需要良好的品质。在现代社会，某些品质能带给人良好的名誉，比如诚实、可靠、正直。不过要注意的是，不同的行业和不同的工作对能带来良好声誉的品质的需求是不同的。小心谨慎可能对特技替身演员很重要，而对销售经理却并非必需。品质一旦确定，那么你就必须保持这些品质，坚持实践这些价值观。也就是说，你要有一贯性和稳定性。如果你的声誉来自你的诚实可靠，那么就要小心，不要失掉这些品质。哪怕你只撒了一次谎，只辜负了一个人，或者只有一次没有按期完成工作，那么你花了几个月时间建立的声誉有可能就会毁于一旦。

一贯良好的作风、优秀的品质再加上长期保持的高水准的工作，就会让你在自己所在的职业领域享有盛名。那么，就会像人们说的那样，人未到，美名先行。到那时，你就不必再为了推销自己而磨破嘴皮子，因为别人的口舌早就为你代劳了。你再也不用“踏破别人的门槛”，因为他们会主动“提着灯笼找上门来”。

（5）其他注意事项

①不要偷懒和推脱职责。上班时不要打私人电话和使用聊天工具聊天或发私人邮件，因为上班时一心二用是最让人烦心的。在你站稳脚跟之前，如果你的工作都做完了，可以要求增加工作任务。

②“少承诺，多干活”在生活和工作中是至理名言。起点要适合你的长期发展。如果你在承诺时低调一些，那么当你作出超乎预料的成绩时，人们会欣然接受。而如果你夸下海口，结果却办不到，那么人们会对你失望的。

③明确自己的工作职责。搞清楚老板对你的期待是什么。

④对自己的工作成绩保持客观、清醒的态度。跟同事们比较一下，看看自己的表现是不是符合要求。不要只满足于自己分内的工作，干活比别人多的人更容易被领导注意。对工作要热情，主动承担分外的职责（但要记住不要招人厌），接受额外的项目，这样不但能为你增加宝贵的工作经验，还可以大大提高被提升的可能性。

⑤与大家打成一片。有时候你很可能不愿参加办公室聚会或者其他的一些促进人际交往的活动，但是要想不冒犯别人，你最好参加这些活动。否则的话，你就很可能被人当作外人，听不到很多对工作有用的闲谈。

2. 试用期心理自助

除了角色转换的问题外，毕业生在试用期还会有以下的心理问题。

（1）焦虑，压力大

最近网上有人总结出一个试用期毕业生普遍的心理曲线：刚开始时盲目自信、超级乐观，看到周围有人开始转正，心里就会着急；看到有些人被雇主炒鱿鱼就极度恐慌，不知下一个会不会轮到自己；等到试用期将满时就极其恐慌，直到自己真的被企业接受了，心态才逐渐趋向平和。

毕业生可以采取以下办法加以克服：

①努力“享受”压力。要消除心中的压力，关键是要把自己的心态调整平衡。工作量大或者工作强度高时，应该采用积极的办法，迎着压力而上，不能采取忍受、掩饰、找借

口逃避等消极方式，以免造成心理上的疲惫。消极态度不但不会增加工作动力，反而还会消耗能量。

②为自己做好压力管理，努力不让压力“升格”为心理忧郁症，以免给自己带来莫名的苦恼。管理的重点是了解自己的优缺点，修正不正确的自我特质。此外，要设定“合理”的工作及人生目标，要求完美大多只会失败；从开阔、弹性的角度来看待人生中的挑战，危机也许会变成转机。

③学会合理地使用“减压法”。减压不是忍受，也不是逃避，而是为自己在压力面前营造一种积极的心态，让自己的工作和心理更轻松。例如，在办公室里溜达一会儿，眺望一下远处的景物，回忆一下你最喜欢烹调的一种菜肴，等等。减压的办法很多，只要你认为“做些别的事”后可以让你的心情轻松许多，不会再为压力而烦恼了，你就可以毫不犹豫地去做。

④以笑养颜，以笑养心。笑是一种情感的宣泄，人无论高兴、吃惊还是紧张或者觉得好笑时都可能会笑出来。如果你感到很紧张，对眼前的人或事感到无所适从，甚至对自己是否能够通过试用期诚惶诚恐，那就给自己一点笑的时间，以便有效地调整自己的情绪、心理状态和免疫系统，使自己从容不迫地面对工作。

（2）学会心理自控

培养自己的心理自控能力，说到底就是你应该有足够的心理适应能力，尽快适应周围的环境，也让团队接受你。具体的办法有以下三点：

①花点心思去体察别人（不管是领导还是一般同事）的感受，说话时多用赞美之词；同时，不要在他人面前表现得过于自卑或自负，以免筑成同事之间不必要的心理警戒防御墙。如果你真有不顺心的事，先控制一下自己的情绪，然后有选择性地向个别最要好的朋友倾诉，不要借故胡乱宣泄。

②逢事多往好处想。当你心情不好时，想想单位里的同事曾经对你所获得成绩的赞美，想想领导曾给你的关怀，你的心情就不至于失控。

③遇到工作困难时，不要轻易地以“我不会做”为由而推托，最好多用“我试试看”。要勤于独立思考，不要指望别人把好不容易总结出来的经验、摸索出来的窍门轻易告诉你，要有永不言败的精神，养成脑勤、嘴勤、手脚勤的好习惯。这样，成功了几回后，你的自信心就会提升，心理自控能力就会慢慢地健全了。

（3）逆境中要学会少安毋躁

人生不如意之事十有八九，前进的路没有一帆风顺的，而一个人在逆境时的心态以及表现，往往决定其人生走向。对于试用期的大学毕业生而言，企业就是一个小小的社会，他们同样要面对这样或那样的逆境。当你身处逆境的时候，无论是逃避还是以焦躁的情绪，只要与对方发生争执都是下下策，要少安毋躁。那么要如何做到呢？

①加强沟通。无论在什么样的逆境中，都要学会沟通。当发现自己遇到了人事阻力，说明你已经陷入逆境了。这时你应该利用空余时间，找与你发生冲突的人当面缓解一下情绪（当然不是低声下气），不妨称对方为“前辈”或“老师”，然后就问题与其进行沟通交流，这样做既能缓和对方的情绪，又能展示你的风度，更能减少类似冲突的发生。需要提醒的是，在顺境中也要有经常性的沟通、交流。

②心理上应保持低调。因为低调更有利于把握心理承受能力和心理健康的程度。保持低调还能使你恰如其分地思考和制定办法与措施，使你在遇到逆境或对他人不满时能战胜自我，以快乐的人生观迎接挑战，化腐朽为神奇。保持低调才能厚积薄发，拿得起、放得下，才能冲破逆境的重围，从容地前进。

（4）理性调整被动心理

试用期虽然为企业和个人都提供了了解与磨合的机会，但由于企业是付薪者，而毕业生是求薪者，毕业生的心理地位明显处于被动，也正由于此，心理商数比较低的毕业生，往往会被一些不很地道的企业雇主所利用，以致在试用期屡屡受挫，越受挫越脆弱，甚至对自己的智力与表现力都产生怀疑，把自己试用期的命运完全交给了企业主。

再也没有比自愿让出主动权更可怕的事了，因为被动，看人脸色行事，心态和人格都会受到不同程度的扭曲，前景黯淡，于是消极、对抗的情绪就会油然而生。因此，对于将要走上工作岗位的毕业生在理性调整被动心理的问题上，给出一些劝诫是必要的。

①学会放飞心情。首先，对自己的工作要有良好的感觉，从而使自己在塑造自我的行程中充满快乐，而不要等到某一件事情成功的一刻，才去感受那种属于自己的欢乐。人在压力下心理商数会下降，在不快乐的情况下思考力和表现力也会随之下降。所以，在试用期中找到能够使你愉快的事情，并以此站稳脚跟，你就能获得好心情。再以这种好心情为基础，向更高一点的目标努力，你会一马平川。其次，把自己当作小字辈，虚心模仿自己崇拜的成功者的行为。只要留意，就能获得和成功者一样的平和心态。成功是可以模仿的。模仿什么样的人的行为，你就会获得什么样的人的心情。如果你心中的楷模是一个成功者，那么你就已经成功了一半。最后，把自己融入团队，改善与团队成员之间的人际关系。改善自己与他人之间的说话态度，并尽可能地认同和肯定对方，往往能使对方和你一样获得好心情。对方因为你而获得好心情，你的心情就会更好！

②设身处地地理解领导、企业雇主。“理解万岁”。事实上，我们每天都会被很多误解包围。摆脱误解的最好方式就是给对方一份理解。尤其是初入职场时，在试用期中来自领导、企业雇主的排斥、误解是常有的事。如果用消极的心态对待这些事，就容易形成对抗情绪，那只会使自己越发被动；如果能够设身处地地想一想，领导和企业雇主没理由平白

无故地排斥、误解自己，你对领导、企业雇主就会多一分理解，企业就会多一分和谐。“理解”能化被动为主动，化干戈为玉帛，更重要的是能让你的试用期多一分安全感。理解领导和企业雇主并不难，只要做到真心实意就可以。

3. 练就处变不惊的心理素质

（1）用平和的心态看待“打杂”，能更清楚地了解企业，知道自己究竟能做什么。以前有“学徒”之说，即当学徒时什么都干，直到师傅满意，师傅自然会教你。现在的企业主也一样，对刚来的毕业生不可能马上委以重任。

（2）调整过度自卑或自负的心态。自卑感或自负感往往会使人过分强调自尊心，容易草木皆兵、杯弓蛇影。所以，调整过度的自卑感和自负感，能有效地重拾信心，不至于脆弱之心随风飘摇。

（3）尽快熟悉业务知识，减少工作中的差错。如果整天工作小错不断，给领导捅娄子，你就会以一个负面形象进入领导的脑海，以后你的前途也就定格了。而且，作为新员工，领导与你发生直接接触的机会并不多，在判断你的表现时，往往从不多的小事情上去评判。

当然，即使领导对你的评价和判断出现偏差，也不要郁郁寡欢、闷闷不乐，把它当作历练自己心理承受力的机会，锲而不舍地继续证明自己就可以了。是真金，总有一天会发光的。

二、影响职业适应的因素及应对策略

（一）影响职业适应的因素

1. 理想与现实之间的距离

理想工作与现实工作之间的距离可能会引发情绪低落与不适应。一方面，每个人在进入职业界之初，不免有所构想，都希望能够获得一份社会评价较高、物质待遇好、体面荣耀的职业。但是，由于社会经济发展的需要，劳动力供应状况等原因的制约，人们无法立即找到完全符合自己理想的工作，可能一时只能找到一份并不理想的工作。这很容易引起就职者“闹情绪”，觉得自己屈尊就下、大材小用，从而对工作产生抵触情绪，消极怠工；或盲目自大、自高自傲，深感怀才不遇、怨天尤人。这些心态无疑都不利于个体对当前职业的认知、深入和接受，也使个体难以适应工作。

另一方面，职业的现实也不一定符合我们的期望。按照某种预期设想进入某种职业，会突然发现实际工作的复杂性，情况并不是完全按照毕业生期望进行和发展的，这包括工作的内容、性质，管理者的风格、措施，工作环境条件和人际氛围等。面对实际，一些人的理想动摇了，便容易产生不适应感。

2. 学生角色与职业角色之间的转换

对于不同的角色，人们都按社会规范对其有一定的角色要求和角色期待，“干什么活就要像什么样”“在其位谋其职”，这些都表明了人们的一种角色定位要求。所以，选择或变动职业，都涉及角色转换的问题。拥有不同的身份、地位，就要扮演不同的角色，遵循不同的角色要求，处理不同的角色关系。然而，一个人原有的行为方式及思想观念，会形成一种“心理定势”，在向新的环境条件下发挥一种“惯性作用”。在新角色转换之时，由于新旧角色间的差距，往往易发生角色冲突，产生各种矛盾，搅乱平静的心境，引起思想情绪的波动，从而产生不适应感。对于刚毕业的大学生来讲，必须清醒地认识到学生角色与职业角色在活动方式、社会责任、自我管理要求等方面的差异，要尽快转换角色，为职业适应奠定基础。

3. 观念与素质能否“与时俱进”

现代社会的科技发展与信息交换，使职业领域的要求和结构处于一种变迁和转换的动态过程之中。因此，个体在观念与素质方面必须与时俱进，否则可能无所适从。

为了顺应现代经济社会的发展要求，关于人才素质的观念也在相应地发生转变。其趋势大致有三种：其一，从“稳重型”到“开拓型”；其二，从“经验型”到“才能型”；其三，从“辛苦型”到“效益型”。这些转型，不仅涉及人才素质结构的重建，也涉及人们相应价值观念的更新。一些曾一度被奉为“传统美德”的东西在时代浪潮的冲击下，成了相对僵化、保守，不利于发展进步的阻碍因素，而原来信仰这些品质并为之努力奋斗的人们，便会经受转型时期蜕变的困惑和痛苦，产生职业上的不适应感。

4. 工作满意感与职业适应

职业适应性良好，人们才能对工作产生积极的感情反应，即产生工作满意感。工作满意感也表明了个体对职业的适应状况，职业的主要维度有两个：事和人。因此，“做事”和“待人”的能力将直接影响个人的职业适应。

（二）职业适应的应对策略

了解了职业适应的影响因素，我们就可以有针对性地采取措施，尽量缩短职业适应不良的周期，尽快全身心地投入新的职业生活之中。

1. 慎重择业以达到人职相匹配

选择职业是人生中的一个重要转折点，选好了，可以为成就事业打下良好的基础，选得不好，将面临无数的坎坷。所以，选择职业一定不要输在“起跑线”上。

职业选择的正确与否，直接关系到人生事业的成功与失败。在选择职业的过程当中要考虑性格与职业的匹配、兴趣与职业的匹配、特长与职业的匹配、内外环境与职业的匹配等。良好的职业选择是以自己的最佳才能、最优性格、最大兴趣、最有利环境等信息为依据进行的。适合自身特点是求职者就业的基本着眼点。社会上的职业多种多样，不同的职业对从业人员的知识、技能、素质等要求不同。而求职者个人的条件也不一样，不同的个体所具有的素质也是有差异的。所以，求职者对于职业的选择应从社会需要出发，同时也要考虑自身的实际情况，扬长避短，只有这样才能做到人尽其才，才尽其用。

2. 了解行业规范，促进角色转换

适应新的职业环境，一般来说包括两方面：一是适应新的工作，主要和“物”打交道；二是适应新的人际关系，主要是同“人”打交道。

适应新的工作，就是要熟悉该行业的角色规范，包括技术规范、纪律规范和道德规范，迅速掌握工作技能，提高工作效率，积极参加职业培训，虚心求教于师傅、同事，端正工作态度。这样有利于自己尽快投入新的工作，也容易得到他人的帮助和宽容。

适应新的人际关系，实际上就是“角色认同”的过程。不同条件下的人际关系中，有些良好的品质是相通的，如真诚坦率、诚实守信、谦虚随和、公正无私等。具体又牵涉一些特定的关系，在职业生活中主要有同事关系、上下级关系、师徒关系等，在不同关系中，尊重和平等、友善和正直都是必要的。但三种关系中，人的身份地位是有所差别的。在同事面前，需要更多地表现友好；在领导面前，要更多地显示学有所长，可委以重任；在师傅面前，可更多地表现踏实好学，孺子可教。其实，所有的美德都有利于增进人际关系，有助于个人适应新的群体。

3. 用工作成就，强化职业适应

其实，工作成就与职业适应之间是互为条件、相辅相成的关系。成就感不仅仅来自最后的成功，更来自把每一步工作良好完成的喜悦。成就感的积累有助于开展下一步的工作，直至成功。

首先，每个人在工作中都有做好本职、有所成就的需要，这种需要的满足会激励其积极地参加职业活动，克服困难并排除干扰，从而提高适应能力。

其次，每个人的工作成就是职业适应性的外部标志。在职业中，良好的适应可以减少个人许多不必要的内损外耗，使其更易在工作中取得较高的绩效。

最后，在取得了一定的工作成就后，人们会认识到自身的进步，从来自社会和外部群体的反馈信息中得到赞许。享受成功的快乐，也能提高和增强职业适应性。随着职业成就

水平的提高，其职业水平也会不断地提高。

4. 提高自身素质，增进职业选择弹性

培养广泛的兴趣，能使人摆脱狭隘的职业观念，拓宽职业视野，在面临职业或专业转向时有更大的选择余地，并作为必要的心理动力，从情感上给予肯定和支持，有利于职业适应。而一定的文化、职业或专业知识，是一切职业活动的必要基础，是人们按照客观规律从事职业活动的必要保证。具有广博的知识，可以使人们在不同的职业中有更多的迁移可能，具有更大的变通性，这也可增强人们的职业适应能力。

在提高自身素质、不断完善自我的过程中，会有以下影响因素：

（1）智力因素

大学毕业生已经具备了获得职业技能的基础条件，即比较扎实的基础知识和专业知识。但是社会角色的适应过程是一个自我不断学习、完善的循序渐进的过程。初到工作岗位的人知识量不一定足够大，知识结构并不一定合理。因此，大学毕业生要根据职业的特点、性质、工作程序及其人际关系，不断学习新知识，增强自身素质和能力，提高工作技能和业务水平。研究数据显示，在大学期间所掌握的知识，30%左右是在工作中能用得上的，70%左右属于备用的知识。因此，大学生在工作岗位上所用的知识大部分需要随时学习和充实。随着知识经济时代的到来，知识更新和产生步伐的加快，大学毕业生必须不断地更新知识，开阔视野，完善、拓宽知识结构，以适应新的形势。

（2）非智力因素

除了根据自身情况需要补充学习必需的专业知识外，非智力因素也是影响大学毕业生职业技能获得的重要因素。

①情绪。一些大学生在从学生角色到职业角色的转换过程中表现出不踏实的作风和不稳定的情绪。一阵子想干这项工作，一阵子又想干另一项工作，工作总是浮在表面上，不能深入了解工作的性质、职责和技巧，很难完成本职工作。

②自信心。一些毕业生面对新的环境，对自已的职业缺乏自信心，不知道工作应该从何下手，缩手缩脚，缺乏青年人的朝气和锐气，更谈不上职业技能的训练。

③意志力。面对职业中的困难，不少毕业生有畏难情绪，缺乏战胜困难的意志力。要知道，任何一项工作都有一定的难度，有难度的工作才有意义，完成工作后才能体现出其价值。因此，在工作中应该知难而进，迎难而上，不懈地努力。

④观察力和思考力。要进入职业角色，获得职业技能，就要开动脑筋、善于观察、勤于思考。只有善于观察才能发现问题，掌握大量的第一手资料和职业对象的内部规律。同时，只有勤于思考才能在工作中有自己的见解，使自己的职业技能得到训练，逐步具备独

立开展工作的能力，更好地承担职业角色。

5. **保持积极的工作心态**

乐观可以帮助我们减轻压力，消除紧张，通过心理调整生理，从而促进生理机制的正常运转，使我们的身心达到最佳的状态。要让身心处于最佳的、乐观的状态，我们可以从以下几点入手：

（1）养成乐观的心态

对待困难有三种可贵的态度：一是不惧怕；二是敢于战胜；三是乐观面对。风浪总会结束，光明总会来到，我们要养成乐观的良好习惯，为事业发展打下基础。

（2）微笑对待人生，快乐面对工作

无论从事什么工作，在完成工作的过程中，均应该保持愉快的心情而充分享受工作的过程。研究发现，人处在快乐时候的精神、精力及智慧是处在最佳状态的。

（3）效法成功者，增强信念，借鉴好的方法

成功的一条捷径就是向成功者学习。成功最重要的秘诀，就是要用已经被证明有效的成功方法。你必须向成功者学习，做成功者做的事情，了解成功者的思考模式，然后再以自己的风格创造出一套自己的成功哲学和理论。

（4）发现自我，保持本色

每个人的生活、工作面貌都是由自己塑造的，如果我们能学会接受自己，看清自己的长处，明白自己的短处，扬长避短，便能踏稳脚步，达到目标。

（5）战胜恐惧，战胜自我

任何人都会出错，错误没有什么可怕的。积极进取的人也会出错，即便有积极的信念也会出错。历史一再证明，成功真正的秘方是要保持能鼓舞你的信念，全力达到最后的成功。

三、职业适应需具备的素质及如何培养

（一）选择一位好的职业督导

所谓职业督导，就是想尽办法帮助毕业生明确个人目标以及采取实际行动实现这些目标的专业人士。职业督导是西方的概念，类似于我国企业中传、帮、带徒弟的师傅，或学校中经验丰富的老师。大多数成功的管理者，在其职业生涯中都有一个或多个督导。私营企业早已认识到督导的重要作用。

（二）学会与人融洽相处

在社会活动的一切领域都不可避免地会发生个体之间的相互作用和联系，这种在社会

活动过程中所形成的建立在个人情感基础上的相互联系就是人际关系。事实上，人际关系渗透在所有的社会关系之中，它对每个人的发展都具有非常重要的意义。

1. **与上司相处**

与上司相处融洽对新员工来说是非常重要的。要想做到这点并不那么容易，但是我们应该一直朝这个方向努力，否则将可能影响到自己的情绪、表现甚至前途等。

与上司相处必须掌握一定的艺术和技巧：

①积极工作。努力工作总是不会错的，尤其对新的职员而言。没有上司希望自己的手下懒散、无能。在上司的正确领导下，积极并且高效地完成上司交给的工作任务，是与上司和睦相处的基本法则。

②经常请教。要不时地与上司、领导沟通、汇报思想和工作，不管你懂还是不懂，都要经常向上司请教一些有一定难度但他可以明确答复的问题。这样，既能在上司心目中留下虚心好学的好印象，也能让上司感受到自己学识广博的舒畅。

③了解上司的习惯。做下属的应该设法了解上司的背景、生活习惯、处事作风和个人喜好，并予以适当的关注。另外还要注意，对上司的不当言行应避免迎合，否则会被其他同事认为是巴结上司、溜须拍马。

④维护上司的形象。良好的形象是上司经营管理的核心和灵魂。应常向他介绍新的信息，使他掌握自己工作领域的动态和现状。不过，这一切应在开会之前向他汇报，让他在会上说出来，而不是由你在开会时说出来而有炫耀之嫌。当你上司的形象保持良好时，你的形象也容易提升。

⑤关系要适度。你与上司在单位中的地位是不同的，这一点得心中有数。不要使关系过度亲密，以致卷入他的私人生活之中。过分亲密的关系容易使上司感到与你相互平等，这是冒险的举动。因为不同寻常的关系会使上司过分地要求你，也会导致同事们的猜忌。

⑥勇于承认错误。如果你违反了单位纪律或工作规则，就应对自己的过失负责，要深知承认错误并非羞耻之事。相反，被人揭穿了仍不承认才是不明智的。上司对新职员的犯错一般都会持宽容态度，但对隐瞒错误的毕业生难以再信任。

⑦注意与上司在一起时的交往技巧。比如，与上司同时进门时，先请他进去；在路上遇见上司，主动与他打招呼问候；与上司同桌进餐时，他举杯后你再举杯，你应该先向上司敬酒（茶），等等。关键就是要让上司感受到你对他保持恰如其分的尊重。

⑧保持自己的思维能力与独立人格。虽然与上司处好关系极其重要，但这并非不讲原则、无条件地服从上级。在大是大非面前，尤其是国家、集体利益受到损害，或自己的独立人格受到侮辱时，你应该有自己的判断力和决策力，坚决维持独立的判断与人格。

2. 与同事相处

跟上司打好交道很重要，和其他人打好交道同样重要。你总会有需要同事帮忙和支持的时候。如果你的人缘不好，需要同事帮忙的时候就有可能碰钉子。

以下这几条简单的注意事项能帮助你维持良好的同事关系：

①保持快乐。如果你对别人微笑，别人也会对你报以微笑。如果你是个快乐的人，那么你周围的人可能也都会很快乐。不要牢骚满腹、皱眉头，而应振作、乐观一点，因为没有人会喜欢一个愁眉苦脸的人。

②耐心倾听。能说会道的人随处可见，善于耐心倾听的人却不可多得。当别人跟你说话的时候，正确的做法是注意听他们在说什么，不要在他说话的时候盘算自己想说的话。应该学会在听的同时进行思考，不要总觉得自己是主角，要给别人表现的机会。

③三思而行。鲁莽冲动会对事业造成致命的伤害。

④思想开明。受欢迎的人无一例外都是思想开明的，而不是一味地固执己见、尊崇教条主义。当然这并不意味着这样的人没有主见。

（三）培养自己的情感能力

情感能力在决定一个人的领导才能方面更加重要，因为在重要的工作岗位上，所有人的智商都高于平均水平，因此拥有出众的情感能力才能占据优势地位。在高级管理职位上，高情商（而不是理性智商）才是真正优秀的领导人所独具的优势。戈尔曼还说，对企业中业绩出众的明星员工的研究结果表明，能把明星员工与其他员工区分开来的能力当中，有 2/3 以情感能力为基础，只有 1/3 跟智力因素和专业技能有关。

1. 了解自我

监控情绪时时刻刻变化的能力是自我理解与心理领悟力的基础。没有能力认识自身的真实情绪就会听凭这些情绪的摆布，对自我的情绪有更大的把握性就能更好地指导自己的人生，更准确地决策婚姻、职业。

2. 管理自我

调控自我的情绪，使之适时、适地、适度。管理自我的能力包括如何自我安慰，如何有效摆脱焦虑、沮丧、激怒、烦恼等因失败而产生的消极情绪侵袭的能力。这一能力低将使人陷于痛苦情绪的旋涡中，反之，这一能力高则可从人生的挫折和失败中迅速跳出，重整旗鼓，迎头赶上。

3. 自我激励

自我激励是指服从于某目标而调动、指挥情绪的能力。要想集中注意力，自我激励、自我把握、发挥创造性，这一能力必不可少。任何方面的成功都必须有情绪的自我控制，延迟满足，压抑冲动。能够自我激励，积极热情地投入，才能保证取得杰出的成就。具备这种能力的人，无论从事什么行业都更有效率、更有成效。

4. 识别他人的情绪

共情，是在情感的自我知觉基础上发展起来的又一种能力，是重要的人际关系能力。具有共情能力的人通过细微的社会信号，敏锐地感受到他人的需求与欲望，这一能力更能满足如服务、教育、销售或管理职业类的要求。

5. 处理好人际关系

大体而言，人际关系艺术就是调控自己与他人的情绪反应的技巧。人际关系能力可强化一个人受社会欢迎的程度、领导权威、人际互动的效能等。擅长处理人际关系者，凭借与他人的和谐关系即可事事顺利，他们也就是所谓的社会明星。

在上述几个方面，不同个体之间有很大的差异。比如，有些人长于排解自身的焦虑，却拙于安慰他人的痛苦。虽然能力水平是最根本的基础，但人脑的高度可塑性，使人能够不断学习。因而，情感技能方面的欠缺完全可以得到纠正。在很大程度上，这些欠缺代表的是情绪方面的某种习性遗迹对感性场景的反应模式，个体可以通过正确的努力（再学习）来学会适应性的反应模式，进而改善自己的情感能力。

第二节　角色转换与角色认知

一、角色转换概述

（一）角色转换的概念

角色是人们社会地位的外在表现。社会地位是人们在社会关系中所处的位置，人的社会关系是多方面的，因而人的社会地位也是多方面的。一般来说，我们是通过一个人所扮演的社会角色来认识他的社会地位的。任何一种社会角色总是与一系列的行为模式相联系的：首先是一系列的权利，即这种角色有权要求别人进行某种活动；其次是一系列义务，即别人有权要求这种角色在进行某种活动时表现出某种行为。各种角色无不具有特殊的权利与义务。长期的社会生活使各种角色形成了一整套各具特色的行为模式，这就要求承担特定角色的人学会特定的待人处事方法，否则人们就会认为他没有很好地完成这一角色。

由于社会角色总是与一定的行为模式相联系，如医生要救死扶伤，教师要为人师表，干部要办事公正、不谋私利等。这样，当人们知道某人处在某种地位时，就预先期望他具备一套与此地位相一致的行为模式。社会角色的这一特点具有重要意义，它使我们仅仅通过对一些抽象角色的想象，就能对社会上纷繁复杂的人群有个大致的了解。

在社会中，角色不是孤立存在的，而是与其他角色联系在一起的。任何一个人都不可能仅仅承担某一个社会角色，而总是承担着多种社会角色。这些角色是根据个体在不同时间、不同场合、不同环境占据的不同的社会位置，履行的不同的社会义务，遵循的不同的社会规范而确定的。例如，一名大学生，在学校对于教师而言是学生，在家里对父母来讲是子女，在社会上对商店来讲是顾客，等等。一个人总是集多种角色于一身，与他人产生交往与互动，并由此参与社会生活。但是，由于学生主体的主要任务是读书学习，因此他在社会中扮演的主要角色便是学生。

个体在社会中所扮演的主要角色并不是固定不变的，往往会发生多次的角色转换。角色转换就是在社会关系中个体地位的动态描述。人的社会任务和职业生涯不断变化，角色也随之变化，从一个角色进入另一个角色，这个过程称为角色转换。社会角色由角色权利、角色义务、角色规范三要素组成，角色转换也就是这三要素的转换。

（二）角色转换的意义

1. 有利于大学生根据职业素质要求完善自身知识结构，确立择业目标

有些大学生考入大学后，完成既定目标便忽略了职业目标的设计与规划，丧失学习的主动性和目标性；还有相当一部分大学生在临近择业时，一味地奔波于多个企业之间求职，注重寻求理想的就业单位，即择业的结果，而忽视平时的就业准备，即择业的基础。通过角色认知，有助于大学生强化“学业是择业的基础和前提”的意识，要想在就业竞争中获胜，就必须努力提高竞争的“实力”。因此，角色转换可以指导大学生勤奋学习，全面提高自身综合素质，注重各种能力的培养和提高。如今，学校校园中所出现的“考驾照热”“计算机热”“辅修课热”“英语考级热”等，都是大学生为适应角色转变、实现人生理想所作出的积极努力。

2. 有利于大学生尽快适应职业生活

完成大学学业，走上工作岗位，依靠自身的职业劳动维持生存，实现人生价值，这是大学毕业生人生征途上的一个重大转折。在这个人生转折过程中，谁能够主动、尽快地从学生角色进入职业角色，实现角色转变，谁就能够在事业发展之初掌握首先发展权。目前，在大学毕业生最后一个学期，毕业实习、就业实习、工作实习三者并重，毕业生要合

理规划，争取在这个学期就尽快进入职业适应期，提前完成角色转变。

3. 有利于大学生在激烈的人才竞争中脱颖而出

21 世纪经济领域的竞争归根结底是科技的竞争、人才的竞争，谁拥有高科技和高级人才谁就将在激烈的竞争中立于不败之地。大学毕业生作为高校培养的高级人才是用人单位争夺的焦点，但作为高等教育大众化阶段的毕业生，面临着人才市场的竞争加剧、用人单位在选择大学毕业生时空间和自由度非常大的压力，竞争是无情的，适者生存、优胜劣汰是不以人的意志为转移的客观规律。大学生初次进入从业大军中必然面临着来自各方面的挑战和竞争，只有尽快进入职业角色，熟悉业务，才能在激烈的人才竞争中稳操胜券，脱颖而出。

4. 可以为将来的成才和创业夯实基础

从学生角色到职业角色的转变，实质上是从继承知识和储备知识向创造性地运用知识和创造知识的转变过程。一个企业发展的关键在于技术创新，而人才的本质特征就是创造性或创新性。能否主动、较快、顺利地实现角色转变，通过创新性劳动可以创造经济效益和社会效益，反映出毕业生的素质和能力的高低。以积极的态度，主动适应岗位需要，投身于职业实践之中，不断积累知识和经验，调整和完善自身的知识和能力结构，将会为自己将来成才和创业打下扎实的基础。

二、角色转换的原则

（一）强化职业角色意识，培养职业兴趣

生活在社会中的人，都扮演着不同的社会角色，这个社会角色具体规范了个人行为。对于刚刚走上工作岗位的毕业生来说，强化角色意识，充分认识角色职责、任务与工作要求，及时、准确地进入职业角色，是一项最基本的要求。

爱岗敬业是学生角色向职业角色转变的基础。大学毕业生走上工作岗位之后，应当尽快地从学生学习生活的模式中解脱出来，不仅要认识学生角色与职业角色的差异，更重要的是应该遵守职业角色规范，正确行使职业角色的权利，忠实履行职业角色的义务，使自己的言行与职业角色的内在要求相适应，全身心地投入到工作岗位中去。如果患得患失、心不在焉，经过几个月甚至一年的适应还不能完成角色转变，将会直接影响到职业兴趣和工作业绩。另外，“甘于吃苦”和“甘于吃亏”是角色转变的重要条件，只有“甘于吃苦”，才能实事求是地分析和对待角色转变中遇到的种种困难，并自觉地加以克服；只有“甘于吃亏”，才能积累丰富的社会经验和营造和谐的人际关系，促进职业层次的发展。

（二）提高社会责任意识，强化职业素质

角色规范是社会赋予角色的行为模式，也是社会评价角色的尺度和标准。求学期间，社会对大学生的评价主要看其学习是否勤奋，品行是否端正，成绩是否优良，而这些通常都被看作个人的事。但是，大学毕业生走上工作岗位以后，其工作或服务的质量、效率、贡献等，不再被简单地看作个人的事，而从其承担的社会责任来加以评判。

因此，大学毕业生走上工作岗位以后，必须时刻意识到自己所从事的工作与社会发展的关系，明确自己对社会所承担的责任，按照职业角色规范的要求，不断提高自身的职业素质，加强自身的职业道德建设，努力履行自己应履行、自己应尽的社会义务。

（三）增强独立自主意识，勤于思考和研究

缺乏自主意识和独立生活能力是大学生普遍存在的问题。大学毕业后，要想把自己学习掌握的知识和能力，通过提供劳动或服务的方式回报社会，则需要提高自己的自主意识和创造能力。同时，从学生生活转入职业生涯以后，通过劳动获得了职业收入，经济上也具有了自立的能力。因此，增强自主意识，提高自立能力、独立工作能力和创业能力，乃是大学毕业生实现角色转换的客观要求和重要条件。勤于观察思考，善于发现问题是角色转换的有力保障。大学毕业生进入职业角色，只有善于观察问题，才能发现问题；只有运用自身掌握的知识去努力解决问题，才能掌握大量的第一手资料；只有分析研究职业对象的内部规律，才能培养自己的独立见解，逐步具备独立开展工作的能力，更好地承担角色责任。

（四）提高心理调适能力，跨越心理误区

大学生在角色转换的过程中，往往会面临新旧角色的冲突。有些人受到社会因素、家庭因素尤其是自身认知能力、人格心理发展意志品质以及情感等因素的影响，不能正确认识角色转换的实质，或者在角色转换过程中不能持之以恒，导致自己的心理与职业角色的社会地位、作用和要求不相适应，于是在从学生角色到职业角色的转换过程中出现以下心理困扰。

1. 依恋心理

一些毕业生在角色转换过程中容易出现怀旧心理，依恋学生角色。十多年的读书生涯，使大学生对学生角色形成了一种相对固定的习惯。因此，在职业生涯开始之初，许多人常常会自觉或者不自觉地把自己置身于学生角色中，在生活上依赖父母，学习上依赖老

师，工作上依赖领导，行动上依赖书本，以学生角色的社会义务和社会规范来要求自己、对待工作，以学生角色的习惯方式来待人接物，以学生角色的思维方式来观察、分析事物和处理问题。

2. 畏惧心理

面对新环境，一些大学生在刚走进新的工作环境时，不知道工作应该从何处着手，该如何处理复杂的人际关系，在工作中胆怯、畏惧、缩手缩脚，怕承担责任、怕艰苦、怕出事故、怕闹笑话、怕造成不良的影响，于是“作茧自缚”“画地为牢”，缺乏年轻人的闯劲和活力。

大学生群体中，每个学生都既是年轻群体中的佼佼者，又是非常普通的社会一员，大家彼此平等相待，相互认同，没有管理者和被管理者之分，更没有领导意义上的上下级之分。一旦走出校园，步入社会，面临的将是“资历丰厚、等级森严”的群体和陌生的新环境，这就从心理上形成了一种紧缩感，以致不知所措，而一些性格内向的人会因此产生自卑感。

3. 自傲心理

大学毕业生接受比较正规的高等教育，只能算是拥有先进知识的人，还算不上人才，只有运用知识、创造知识，将其转化为生产力，这时的毕业生才能算是比较高层次的人才。但有些毕业生却因仅拥有先进知识就看不起基层工作和基层工作人员，甚至认为一个堂堂的大学毕业生做一些琐碎的不起眼的工作是大材小用，有失身份和尊严，结果是大事做不来，小事又不做，甚至目空一切，以为自己最正确，用批判的眼光看待社会、单位和周围的一切，把自己游离于单位或群体之外。事实上，如果不能静下心来踏踏实实地学习，适应工作，不管什么样的单位都不会适合你。

4. 失衡心理

一些人往往过于争强好胜，缺乏承受挫折的能力，因此产生嫉妒情绪，见别人干得好，不是见贤思齐，向其学习，而是冷嘲热讽，诋毁别人；或产生失望情绪，用悲观、灰暗的眼光看待世界和人生。遇到不顺心的事就唉声叹气，情绪低落，甚至悲观绝望。

上述心理问题，如果得不到正确有效的调适和矫正，就会严重阻碍毕业生的角色转换，直接影响毕业生个人的成长和工作。因此，注意调整、控制、改善自身的心理卫生状况，乃是毕业生实现角色转换的一种有效办法。

第三节　适应新环境、建立良好的人际关系

一、快速了解并融入新环境

（一）了解工作单位的基本情况

现今工作单位的性质多种多样，这里以公司为例，介绍大学毕业生应具体了解其哪些情况。①了解公司的创业、成长过程，初步了解公司的发展方向。②了解公司的性质，包括公司的资产规模、公司的所有制性质、公司的经营方式等。③了解公司的现状，如果是生产性公司，还应了解公司的产品结构。④了解公司的组织结构（包括公司的领导结构），实行何种管理模式等。⑤了解公司的规章制度，包括财务制度、考勤制度、工作纪律、操作规程，甚至差旅费的报销制度等。⑥了解公司的人事制度以及工资福利待遇等。

（二）了解和体会企业文化

企业文化是文化现象在企业中的体现，是在一定社会历史环境下，企业及其成员在长期生产经营活动中形成的文化观念和文化形式的总和，是企业员工共同的价值取向、经营哲学、行为规范、信念和凝聚力的价值观念体系。对于新员工而言，熟悉本企业文化是了解本企业的关键环节。只有了解和体会企业文化，才能迅速理解企业的精神和宗旨，使自己的行为符合公司或企业的总体目标，适应企业发展的步伐，使自己迅速融入公司这一大家庭，以及和公司员工的人际交往之中。

（三）了解工作单位一些不成文的规则

每个单位都有一些不成文的规则，初进单位的大学生了解这些“潜规则”，并对公司有整体认识，有助于适应新的工作环境，对日后的工作将会大有益处。

（四）明确自己的职责

大学生初进单位后在熟悉工作环境、了解企业文化的过程中，还要尽快了解和熟悉自己的工作内容。也就是说要熟悉自己的责任、权利和义务，具体应做到以下几点：①清楚自己岗位的任务和本岗位的责任；②明确本岗位处理事务的工作权限；③明确本岗位处理事务的执行程序，并按程序办事；④掌握本岗位工作需要的基本技能，包括了解操作工

具、操作程序等；⑤明确自己的主管部门和主管人员，并对其负责；⑥了解本岗位在整个工作过程中的地位和作用，使自己在工作中有目标地朝着搞好整体协作的方向去努力，避免南辕北辙；⑦了解企业的发展计划，从而为自己的工作更符合新的变化做好准备。

（五）尽快融入团队

当你刚刚走出校门，踏入社会的时候，展现在你面前的是一个几乎完全陌生的环境。这时，如果你能客观地审时度势，尽快地完成从大学生到工作人员的角色转换，顺利地度过这个转换的适应期，就能得心应手地开展工作。

大学期间接触的是简简单单的同学间的人际关系，而社会是个大课堂，有各种各样的人、各种各样的事，如果你的不适应是来自新的复杂的人际关系，那也不必过于烦恼，重要的是你要把握住自己，既不要恃才傲物、自视清高，也不必缩手缩脚、羞于见人。尤其在处理同事间的关系上，要尽量做到以诚待人、热情得体、不卑不亢。对每个同事都要同等对待，不要冒失地卷入人事纠纷中去。切忌搞小圈子，与部分人拉帮结派，应尽力与所有同事发展团结互助的良好关系。

（六）理智面对冷遇

大学毕业生走上社会，要想得到社会的承认，仅有一张大学毕业文凭是远远不够的。部分大学毕业生走上社会后遭受冷遇是经常发生的现象。要想从冷遇的困境中挣脱出来，就要学会清醒分析，正确对待。当受到冷遇时，首先要从主观上找原因。

大学毕业生只要认真地剖析自己的言行，就一定能找出受到冷遇的症结所在。不管是哪一种原因，如果遭受冷遇，首先都应从自身找原因，既不能怨天尤人、责怪命运，又不能悲观失望、自暴自弃，要通过自身的努力，尽快使矛盾化解、冷遇消除。可以通过以下三个途径消除或避免冷遇。

1. 谦虚好学

应该说大学生确实比一般人掌握了更多的知识，但这并不是知识的全部，只不过是沧海一粟。大学所学的知识在毕业时有70%已经过时，只有30%还有用，加上你懂得的不等于别人不懂；别人懂得的，不一定你都懂；更何况大学生在校学习的都是些理论知识，对新的工作单位来说你只不过是个新手。所以，要虚心地向别人学习，绝不能自以为是，瞧不起别人。

2. 踏实肯干

大学生到了工作岗位后，除了虚心学习以外，还要有实干精神。用人单位录用你，是为了解决工作、生产、科研中的实际问题，不是拿你当作“花瓶”摆设。只要你能苦干、实干，脚踏实地地干出一番成绩来，领导、同事一定会投以赞许的目光，冷遇自然会消失得无影无踪。

3. 豁达大度

大学生走上工作岗位后，由于经验不足等原因，工作中遇到挫折和冷遇在所难免。虽然有时不一定是自己的原因造成的，但无论如何对待冷遇都一定要沉着冷静，豁达大度，多从自身找原因，认真总结经验教训，只有这样才有利于问题的解决，否则只能使问题复杂化。

（七）正确看待挫折

到了工作岗位，大学毕业生怀着憧憬和美好设想，想在工作中有一番作为，但现实往往与理想有较大差距。不论从事何种工作，遭受挫折总是在所难免的。如果不能及时调整心态，正视挫折，便容易产生失落、消极情绪。有的人遭受挫折后，自责心理严重，垂头丧气，郁郁寡欢；有的人受挫后，不从主观找原因，而是把责任推卸给他人，为自己开脱辩解；有的人则将怨气发泄到别人身上，却不正确分析原因，总结教训，结果又重蹈覆辙；还有的人遭受挫折后使万念俱灰、不能自拔。这些都是十分错误的。正确的态度应当是：

1. 采取积极的心理自我防卫，谋求心理平衡

比如将内心愤懑的消极情绪转化为奋发图强、力争上进的积极情绪，“化悲痛为力量”，使心理得到升华；“重振雄风”，加倍努力工作，去实现目标；改换工作方法另行尝试；进行补偿，以期达到“失之东隅，收之桑榆”的效果。此外，解脱挫折感的方法还有很多种，如宣泄法、认识法、理性情绪法、心理咨询，等等。

2. 正确认识工作的成败

一帆风顺固然可喜，但遇到挫折也不要灰心，也许这一次挫折就是下一次成功的开始。只要看准目标，扎扎实实，一步一个脚印地走下去，就会成功。到那时，再回头来看走过的路，挫折、失败也许是人生的财富。

3. 勇于面对问题

遭受挫折并不可怕，怕的是不敢面对现实中的问题。战胜挫折的关键是把自己定位于解决问题的人而不是问题的一分子。有关专家建议在遭受挫折后，反问自己四个问题：①问题到底是什么？我足够了解吗？②产生问题的原因是什么？反思根源。③可能的解决方案有哪些？④什么是最佳解决方案？坚持以上四问，并努力去解决它，就能真正“笑到最后”。

（八）虚心接受批评

以什么样的态度对待批评，反映出了一个人的修养和思想道德水平，也会对他的人际关系和工作绩效产生一定的影响。有的人勇于承认自己的错误，并诚恳地接受批评，总结教训并及时加以改正；有的人受到批评则丧失信心，萎靡不振，甚至自暴自弃；还有的人“老虎屁股摸不得”，一听到批评便怒火中烧，使领导和同事对其“敬而远之”。无疑后两种态度是不可取的。对刚刚参加工作的大学毕业生来说，单位的领导一般轻易不会对你提出批评意见，如果批评了你，大多是因为你的错误比较明显。“有则改之，无则加勉”，“只要你说得对，我就照你说的办”，应该是对待批评的基本态度。而笑纳批评则是对初入职场的大学生一个更高的要求。对待批评，如何能够微笑面对，虚心接受？这不仅要具备认真的态度，还要有正确的方法，才能收到好的效果。

（九）积极消除隔阂

每个人在日常与人交往中都可能同他人产生隔阂。人与人之间产生隔阂的原因是多种多样的。隔阂产生的原因不同，消除隔阂的方法也应有所不同。概括地说，产生隔阂的原因主要有三种：一是交往双方不愿或很少暴露真实的自我，从而引起双方对彼此交往的诚意产生怀疑而造成隔阂；二是交往双方在某件事上产生误会而造成隔阂；三是一方损害了对方的利益，或伤害了对方的人格、感情，从而产生隔阂。当你与他人有隔阂的时候，应冷静分析，找出原因，然后对症下药。

如果是因为双方互相缺乏了解产生的隔阂，就应该坦诚相处，以心换心。在人与人交往的过程中，我们应该相信好人占大多数。你向对方暴露自己的内心世界和真实的自我，不会对你造成任何损害。只要我们抛弃“遇人只说三分话，未可全抛一片心”的旧观念，与人真诚相处，经常交流思想感情，就一定能消除第一种原因引起的隔阂。

如果是由于双方误会造成隔阂，就应该以你的宽容大度进行善意的解释，消除误会。由于每个人的性格脾气、文化修养、价值观念等存在一定的差异，其观察问题、认识问题、处理问题的方法也各不相同，因此，在人际交往过程中出现一些误会是难免的。如果是你误会了别人，就要耐心听取别人的解释，以消除误会，当真相大白之后，双方的误会与隔阂自会烟消云散。

如果是由于自己的不慎伤害了对方，要向对方诚恳道歉，请求原谅。每个人都有自身的人格尊严和自身利益，不容他人损害。在与人交往的过程中，如果你伤害或损害了对方的人格和利益，将会引起对方的不满，甚至出现矛盾冲突。这种情况如不及时正确地处理，两人轻则产生隔阂，重则产生积怨。出现这种情况，不管责任是否完全在你，也不论有意还是无意，你都应该真心实意、诚恳地向受害人道歉，以求谅解。“精诚所至，金石为开”，只要表现出足够的诚意和耐心，定会化干戈为玉帛，消除隔阂。

（十）努力钻研业务

对于涉世不深、经验不足的大学毕业生来说，工作中出现某些差错和失误是难免的。但在实际工作中还是应该尽可能地避免差错，或将其减少到最低限度。首先，要在现任职业岗位上钻研业务，履行职责，很好地完成任务。学历、知识不等于能力，只有把知识应用于实践，它才可能转化为能力，理论知识和业务实践不断地结合才会尽快地提高你的业务能力。其次，要加强薄弱环节。正如每个人都有自己的优点和长处一样，每个人也都有自己的缺点和不足。而缺点和不足往往是造成工作失误的主要根源。因此在具体的工作中要注意弥补自己的不足。最后，还要注意培养良好的职业品德，树立正确的职业理想和职业价值观，具有忠于职守、敬业乐业、献身事业的精神，坚持严肃认真、实事求是的劳动态度，保持一丝不苟、精益求精的工作作风，尊重他人，团结协作，牢记为人民服务的宗旨。这些品德不仅是做好工作、为自己开拓未来道路的需要，而且是能够处理好各种人际关系的必要条件，是取得群众认可和领导赏识的基本依据。

二、建立良好的人际关系

（一）建立良好的人际关系的意义

刚刚走上工作岗位的大学生，都渴望在单位有一个和谐的人际关系。建立和谐的人际关系的意义表现在以下几个方面。

1. 可以尽快消除陌生感，适应人际环境

大学生到工作单位后，父母、亲人远在他乡，同学、朋友各奔异地，生活和工作环境发生了变化，新的人际关系比较陌生。如果大学生一开始就注意建立良好的人际关系，主动交往，热情待人，豁达处世，尽快与大家融为一体，便可顺利打开局面，消除陌生感，摆脱孤独的笼罩，顺利度过各种适应期。

2. 可以使工作顺心，生活愉快

良好的人际关系，可以使人感到工作顺心、生活惬意。当对工作还不熟悉时，人们会热情地给其以帮助；工作遇到困难时，人们会给其以信心和勇气；工作不慎失误时，人们会给其以理解、安慰和希望；生活遇到挫折时，人们会给其以温暖和友谊；工作取得成绩时，人们会告诫其戒骄戒躁，继续努力。良好的人际关系，还会提高工作效率，使人觉得

生活在文明的群体里，感受到集体的温暖和他人的爱心，使人不断地从集体中汲取营养，充实自己，健康成长。

3. 可以保持心情舒畅，心理健康

人际关系的适应是人心理适应的重要内容。一些大学生工作后感到工作不顺心，其中一个原因就是人际关系紧张、互相猜疑、矛盾重重、提心吊胆、杯弓蛇影、生活压抑、思想包袱沉重。良好的人际关系，可消除隔阂，打破封闭，使大家处于一种互相理解、互相尊重、平等友好的关系之中。当人苦闷的时候，宣泄一下情绪而不必顾虑；愁苦的时候，诉说一下衷肠而不必提防，从而保持心情舒畅，身心健康。

4. 可以增进团结，有利集体

良好的人际关系是团结的基础。人际关系状况反映一个单位的精神文明状况，人际关系好，这个单位就团结，同事及上下级之间会齐心协力，工作高效而愉快；反之，人际关系紧张，必然内耗丛生、涣散无力、缺乏生气。良好的人际关系，离不开每个人的奉献和努力，只有每个成员都为集体添砖加瓦，才会形成良好的人际关系氛围，也利于团结，利于集体，利于工作。

（二）建立和谐的人际关系的方法

大学生到新单位，横向的人际关系主要是与同事之间的关系，纵向的人际关系主要是与领导的上下级关系。处理好同事及上下级之间的人际关系可从以下几个方面入手。

1. 尊重他人，不自恃清高

到了新单位，尽管每个人的秉性不同、爱好各异，但都是自己的老师，因为他们都可能掌握了丰富的工作经验、娴熟的业务技能。要像尊重老师那样尊重他们，尊重他们的劳动和劳动成果，尊重他们的人格和感情，虚心向他们求教，不自恃清高、妄自尊大甚至摆架子。对他人的尊重，不要以财富的多少、年龄的大小、分工的不同来衡量，而要以劳动和对社会的贡献为标准。尽管人们分工不同，贡献有大小，但在人格上都是平等的。因此，不要嘲笑歧视他人，不能以己之长比他人之短，应该谦虚待人。如果自满而轻视他人，就会损伤他人的自尊心，造成人际关系的疏远。在互相交往中尊重他人，也要尊重自己，自尊自重，才能在尊重他人的同时，也得到他人的尊重。总之，不摆架子，乐于和他人打成一片的大学生更容易建立和谐的人际关系。

2. 平等待人，不厚此薄彼

在自己的工作单位，同事之间应平等相待。不要以职务的高低、工资的多少来决定对其的态度；不要亲近一部分人，疏远另一部分人；不要认为某人对自己有用就打得火热，某人暂时没用就疏远不理；不要见了领导就点头哈腰，满脸堆笑，见到他人就视而不见，甚至冷若冰霜；不要卷入是非矛盾、拉帮结派、搞小团体，应该尽力与所有同事发展平等互助的友好关系。

3. 热心助人，勿见利忘义

患难见真情，同事间的相互帮助，不仅可以锦上添花，更应当雪中送炭。当别人有困难时，应伸出热情的双手给予帮助，切不能袖手旁观、坐视不管，更不能落井下石、见利忘义。要淡泊名利，不要为蝇头小利而做有损人格的事。只有热心帮助他人的人才会得到别人的帮助，也只有热心助人的人才会得到人们的认可和赞扬，才会于无形中加重别人对其产生良好印象的砝码。

4. 诚实守信，不贪图虚名

诚实，就是真心实意、实事求是，不三心二意、口是心非，不当面一套、背后一套。诚实是做人的基本要求，也是建立良好人际关系的重要条件。守信，就是恪守信用、言行一致、说到做到，不言过其实、华而不实，不做说话的巨人、行动的矮子。做人只有诚实守信，才能在交往时互相了解、肝胆相照、互相信任。

5. 主动随和，不孤陋寡闻

谦虚随和、平易近人的人，给人一种较亲近的感觉，大家会乐意同其交往，觉得彼此之间愉快舒畅。切忌孤陋寡闻而又自命不凡。古语道："独学而无友，则孤陋而寡闻。"大学生到了新工作单位后，应主动交往，同大家打成一片。只有主动交往，才能获得各种知识，找出自己的不足，体会到应该学习别人的东西，才能扩大自己的视野，增长见识，不断提高自身素质和水平。

6. 宽以待人，严于律己

宽以待人，就是要与人为善，宽容大度，不斤斤计较、苛求他人，多一些谅解和理解。理解是建立感情的桥梁，是培植友谊的土壤。同事做错了事或有一些缺点，要善意地指出或给予一些安慰，要多一些关心，少一些指责。严于律己，就是要严格要求自己，以各种道德规范和行为准则来约束自己，不利于团结的话不说，不利于团结的事不做，不挑拨是非、猜疑嫉妒，堂堂正正做人，踏踏实实干事。当自己受到委屈或误解时，要胸怀大度，克制自己的感情，冷静处理，勇于剖析自己，主动担负责任。"金无足赤，人无完人"，只要我们能正确地对待，始终以平等、诚实、宽厚的态度待人，就一定能建立和谐的人际关系。

7. 服从领导，不无理抗上

一个单位、一个组织的工作运行都是通过下级对上级的服从来完成的。下级对上级的无理拒绝，将使运行机制遭到破坏，工作无法进行，因此，这种现象是不允许出现的。当然，上级是人不是神，也有很多不足。有出色的上级，也有无能的上级；有宽容大度的上级，也有心胸狭窄的上级；有埋头苦干的上级，也有得过且过的上级。无论是哪种上级，只要你在这个单位工作，就必须听从其正确指挥。上级的正确指挥，不是代表个人，而是受组织之托，代表组织行使权力。对分配给自己的工作，能完成的要勇挑重担；难以完成的，最好单独找到上级陈述理由，不要当众拒绝，要维护上级的权威。要善于向上级学习，在工作上和他们保持密切联系，尽快熟悉自己的工作，并力求得到他们的支持和帮助。

三、大学毕业生走上工作岗位前的准备

（一）心理和态度准备

放低身份，从学徒做起。许多大学生因为在家是独生子女，在学校是优秀学生，一直被宠着，习惯了以自我为中心，自我感觉良好。但是，由于没有社会阅历和工作经验，到一个新岗位后，往往需要很长的时间才能调整好心理。如果每个大学生在就业前，清楚了解自己的知识技能并不足以马上胜任一项简单工作的要求，能够放低身段，从小事做起，从学徒做起，就会少许多挫折感。

（二）技能准备

英语和电脑技能必不可少。一般公司对新员工的这些技能要求都是必不可少的，在工作前如果有机会实习，就能很快掌握这些基本技能。无论在什么行业，你的英语听说读写能力越好，获得好的职位和晋升的机会就越大；在公司里，电脑操作是必不可少的，一般的 Word 文档编写、PPt 编辑、Excel 表格制作是最基本的要求。有些大学生在暑假会主动去找公司实习，通过实习了解专业知识和技能在实际工作中应用的情况，以及时弥补自身的不足，为进入职场做好充足的准备。

（三）工作方法准备

虚心请教，及时反馈，科学安排时间，不断总结。大学毕业生对公司来说，就是一张白纸。所以无论在什么岗位，首先是来学习的，凡事不能自以为是，一定要问清楚后再去做，以免走弯路。你的上级工作比你忙，你不主动去向他请教，等他找你时，可能已经是你出错的时候了，所以，一定要及时反馈，让上级知道进度和完成情况。因为你认为正确的方法可能不是最好最快的方法，你的上级经验阅历比你丰富很多，他会及时帮助你修正方向。

许多大学生甚至工作多年的人都有一个通病，就是不知道如何科学管理自己的时间，许多工作不能在规定的时间内完成。管理规范的公司会要求员工每周、每月、每个季度、每半年或每一年都要写工作计划、完成情况总结，以帮助员工科学把握时间，提高工作效率。

总结应该每天都做，这样能很清楚地知道一天下来，自己做了些什么，学到些什么，哪些做得好，哪些做错了，哪些可以做得更好。“不积跬步，无以至千里”，就是这个道理。

（四）身体准备

最好不吸烟，不熬夜，少生病。有了健康的身体，才能更好地工作。许多大学生养成了不好的生活习惯，如抽烟。现在大部分公司对办公室环境都有明确要求，不允许吸烟。所以经常吸烟的人，要到处找地方“换气”，影响工作效率。如果休息不好，第二天就会影响工作。另外，因为一般公司的办公室都使用空调，只要有一个同事感冒，许多人都会被传染。所以加强锻炼、增强体质、减少生病的机会也是非常重要的。

（五）理财准备

省钱就是赚钱。许多刚工作的大学生不会理财，成了“月光族”，以致还要靠父母供应生活费用。建议在第一次拿到自己赚到的工资，开心之余时应有一套很好的理财计划，无论收入是多是少，把钱分成三份：

第一份是生活必需开支。如房租水电费用、交通费用、日常生活费用，最好这些费用占三分之一到二分之一。如何节省费用是有很多窍门的，如先住公司宿舍，或几个朋友分租，这样与自己租单身公寓相比要省不少钱；自己买菜做饭比吃快餐省钱；装饰性的、好玩的东西尽量不要花钱去买。

第二份是充电费用。现在工作中对人的要求越来越高，大学学到的东西往往不能适应时代要求，专业知识技能的提升非常重要，所以要准备一笔钱，在适当的时候去进修以提高自己的竞争力。

第三份是应急和储备的钱。如家中亲友生病时的医疗费用、借给他人应急的钱、将来买房结婚的钱，都要从刚工作的时候就开始积蓄，这是“集腋成裘”的道理。

（六）为人处世准备

早在两千多年前，孔子不仅极力推崇“智者乐水、仁者乐山”的个人信条，而且在“自省、克己、忠恕、慎独、中庸、力行”六个方面也给后人以深刻的教诲和警醒。对于习惯把自己定位于“天之骄子”的大学生，学会为人处世是非常重要的。学会与同事相处与合作，才能把事情做得更好。

（七）情感处理准备

爱情与婚姻对个人的事业发展有很大的影响。无论是已经有男女朋友还是孤身一人，进入工作岗位的大学毕业生，如何处理好情感问题，协调好爱情与工作、朋友与同事、家庭与事业的关系，将是伴随一生的课题。对于领导给你的工作机会，对于同事给你的帮助和协助，对于朋友给你的关爱，对于父母的无私奉献，都要有一颗感恩的心，同时尽量从别人的角度出发去考虑问题，不要激化矛盾。面对问题要冷静去解决，适当向周围你信任的人寻求帮助。要相信所有的问题都会有三个以上的解决方法，选择最适合的方法去处理。

（八）服装服饰准备

“人要衣装，佛要金装”。刚参加工作的年轻人，对自己的衣着打扮要非常注意。女孩一般至少要准备三套比较职业的套装，上班前要把头发梳理整齐，最好化淡妆。鞋子和包也很重要，挎包不能太小，以能装下两本书最好，款式色彩不要太花哨，因为不方便搭配服装，也显得拿包的人太活泼。鞋子款式尽量简洁，最好走路不会发出声音，以免走动时影响其他同事。

男孩最好有两件不同色彩的净色衬衣，一套西装。不要买太贵的，但一定要保持整洁。头发不能太长，最好不要剪太新潮的发型。除了手表，男生最好不要佩戴手链、项链、戒指等首饰，过于注重打扮容易引起别人误会。

思考题

1. 影响职业适应的因素有哪些？如何培养？
2. 学生角色与职业角色有哪些区别？
3. 角色转换应遵循哪些原则？
4. 为适应新的工作岗位应该注意哪些事项？
5. 你认为从大学生转为职业人应该做好哪些准备？

参考文献

［1］梁梦玫，陈建红．农业院校大学生职业生涯规划与就业指导［M］．武汉：华中科技大学出版社，2022.

［2］谭建伟，李凌．数字时代大学生生涯发展与就业指导［M］．重庆：重庆大学出版社，2022.

［3］苏志刚，郭惠惠．知行合一，做最好的自己：大学生自我认知与自我成长［M］．厦门：厦门大学出版社，2022.

［4］宋建卫，杨洪瑞，魏金普．大学生职业生涯规划与就业指导［M］．北京：北京理工大学出版社，2021.

［5］周基燕，章丽娟．大学生职业生涯规划与就业创业指导实用教程［M］．合肥：安徽大学出版社，2021.

［6］李晓军．应用型高校大学生职业生涯规划与就业创业指导［M］．上海：上海教育出版社，2021.

［7］包淑萍．外语外贸院校大学生职业生涯规划与就业指导案例集［M］．成都：四川大学出版社，2021.

［8］刘继亮．大学生就业指导［M］．上海：华东师范大学出版社，2021.

［9］王伟宾，黄佳音，张萌萌．大数据时代的职业生涯与就业指导［M］．北京：北京理工大学出版社，2021.

［10］苏志东，王波．大学生职业生涯发展与规划［M］．北京：北京理工大学出版社，2021.

［11］柯晓扬，石家驹，丁建华．大学生职业发展与就业指导［M］．苏州：苏州大学出版社，2021.

［12］刘玉升．大学生职业生涯规划：打通就业“最后一公里”［M］．苏州：苏州大学出版社，2021.

［13］陶媛媛．职业生涯规划引导下大学生就业创业指导研究［M］．北京：九州出版社，2021.

[14] 王元福．大学生就业创业教育［M］．北京：北京理工大学出版社，2020.
[15] 金德禄．大学生职业生涯规划与就业指导［M］．第 2 版．南京：东南大学出版社，2020.
[16] 张新生，王凯，赵荣．行稳致远：大学生职业生涯规划与就业指导［M］．镇江：江苏大学出版社，2020.
[17] 袁敏．大学生职业生涯规划：职业生涯规划篇［M］．北京：北京理工大学出版社，2020.
[18] 刘益民．职业生涯：理论实践与探索［M］．北京：北京航空航天大学出版社，2020.
[19] 石洪发．大学生职业生涯规划［M］．北京：北京理工大学出版社，2020.
[20] 储克森，姚晓峰．职业生涯规划与就业指导［M］．北京：机械工业出版社，2020.
[21] 陈少平．新时代大学生职业生涯规划［M］．厦门：厦门大学出版社，2020.
[22] 彭军，谭军．大学生职业生涯发展与就业创业指导［M］．北京：北京理工大学出版社，2019.
[23] 冉启兰，陈星．大学生职业生涯规划与发展［M］．重庆：重庆大学出版社，2019.
[24] 牛淑珍．大学生职业发展与就业指导［M］．上海：复旦大学出版社，2019.
[25] 王丽萍．大学生职业规划与就业创业指导［M］．上海：上海交通大学出版社，2019.
[26] 迟云平．职业生涯规划［M］．广州：华南理工大学出版社，2019.
[27] 田永伟，吴迪．大学生职业发展指导：大学生生涯发展定位和职业生涯规划［M］．北京：光明日报出版社，2019.
[28] 王林，王天英．大学生职业生涯与就业指导［M］．北京：中国铁道出版社，2018.
[29] 舒卫华．大学生职业生涯发展与就业指导［M］．武汉：华中科技大学出版社，2018.
[30] 简冬秋，许继勇．大学生职业生涯规划与就业指导［M］．镇江：江苏大学出版社，2018.
[31] 郭帆，崔正华．大学生职业生涯规划与就业指导［M］．东南大学出版社，2018.
[32] 孙军，钟堃．大学生职业生涯与就业创业指导［M］．北京：经济日报出版社，2018.